2017年度国家社会科学基金重大招标项目"现代斯拉夫文论经典汉译与大家名说研究"(项目批准号:17ZDA282)中期研究成果

GUOWAI WENXUEXUE LILUN YU FANGFALUN

国外文学学理论与方法论

[俄罗斯]O.H.图蕾舍娃 著

郑文东 王 盼 译

河南大学出版社

中国·郑州

豫著许可备字-2018-A-0029

图书在版编目(CIP)数据

国外文学学理论与方法论/(俄罗斯)O. H. 图蕾舍娃著;郑文东,王盼译. —郑州:河南大学出版社,2018.11
ISBN 978-7-5649-3560-3

Ⅰ.①国… Ⅱ.①O… ②郑… ③王… Ⅲ.①外国-文学-文学理论-方法论-研究 Ⅳ.①I0

中国版本图书馆 CIP 数据核字(2018)第 260401 号

根据莫斯科弗林达出版社—科学出版社 2013 年第 2 版译出
Copyright© Limited Liability Company《FLINTA》, The Chinese language etition is authorized by Limited Liability Company《FLINTA》RUSSIA for publishing and sales in the People's Republic of China.

责任编辑　张　珊
责任校对　靳开川
封面设计　马　龙

出　版	河南大学出版社
	地址:郑州市郑东新区商务外环中华大厦 2401 号
	邮编:450046　　　　电话:0371-86059701(营销部)
	网址:www.hupress.com
排　版	郑州市今日文教印制有限公司
印　刷	郑州市毛庄印刷厂
版　次	2019 年 6 月第 1 版　　印　次　2019 年 6 月第 1 次印刷
开　本	787mm×1092mm　1/16　印　张　9.5
字　数	137 千字　　　　　　定　价　36.00 元

(本书如有印装质量问题,请与河南大学出版社营销部联系调换)

该书系当代俄罗斯学者对19～20世纪欧美文学学发展路径的多方位梳理。欧美文学批评史在这里被看作为四种学术范式——诗学范式、阐释学范式、现象学范式与社会学范式——之间复杂的对话性的互相作用。每一种学术范式在这里都体现为一些学派与学说的集合,这一集合中的学派与学说均立足于原则上一体的文本理论,均以某种程度上一体的方法论来实际考量艺术现象。

该书面向语文系的大学生、研究生和教师。

目 录

引言 …………………………………………………………（1）

主题一　与诗学论争中的阐释学…………………………………（1）
　　§1. 阐释学简史 …………………………………………（1）
　　§2. 法国浪漫主义阐释学:圣伯夫 ……………………（4）
　　§3. 德国浪漫主义阐释学:施莱尔马赫,狄尔泰 ………（8）

主题二　社会学范式的形成………………………………………（17）
　　§1. 历史文化学派:与浪漫主义阐释学的论争 ………（17）
　　§2. 马克思主义文学批评:与阐释学相综合的社会学 ……（20）

主题三　英美新批评:诗学复兴 …………………………………（25）

主题四　20世纪上半叶阐释学的发展:古典理论框架下
　　　　新的诠释流程………………………………………（34）
　　§1. 心理分析阐释学 …………………………………（34）
　　§2. 荣格的阐释学 ……………………………………（37）
　　§3. 神话批评的阐释学 ………………………………（45）

主题五　20世纪下半叶阐释学的发展:诠释客体与诠释情境
　　　　的新观点……………………………………………（56）
　　§1. 海德格尔的本体论阐释学 ………………………（56）
　　§2. 伽达默尔的哲学阐释学 …………………………（63）

主题六　文学学中的现象学………………………………………（70）

§1. 作为作者意识现象的作品:萨特、斯塔罗宾斯基 ……（71）
§2. 作为意识之对话现象的作品:萨特、英加登 ………（73）
§3. 作为读者意识之现象的作品:美国接受批评、布法
罗批评学派 ……………………………………………（77）
§4. 作为读者意识与文本之对话现象的作品:康斯坦茨
学派 ……………………………………………………（79）
§5. 作为意义生成活动之主体的作者与读者:利科的现
象学阐释学 ……………………………………………（84）

主题七 文学学中的结构主义:诗学之重新复活 …………（89）
§1. 对神话的结构分析:列维－斯特劳斯 ……………（90）
§2. 对叙述的结构分析:法国叙事学 …………………（96）
§3. 对话语的结构分析:热奈特 ………………………（99）

主题八 后结构主义:阐释学的新面貌 ……………………（104）
§1. 与艺术交际思想的论争:罗兰·巴尔特的文本分析 …（104）
§2. 与意指思想的论争:对文学的语境研究之拒绝 ……（109）
§3. 与固定含义思想的论争:解构论 …………………（110）
§4. 与文本作为审美客体思想的论争:克里斯蒂娃的
语义分析 ………………………………………………（113）

主题九 在后结构主义的影响下:阐释学之进一步的发展 ……（119）
§1. 美国解构主义 ………………………………………（119）
§2. 文学学中的女性主义 ………………………………（121）

主题十 与后结构主义的论争 ………………………………（126）
§1. 阐释学传统的复活:"新阐释学" …………………（126）
§2. 诗学研究传统的变异:发生学批评 ………………（128）
§3. 社会学范式的激活 …………………………………（129）
§4. 现象学传统的复活与变异 …………………………（133）

结束语 …………………………………………………………（137）

参考文献 ………………………………………………………（139）

引　言

　　文学学研究最重要的问题之一就是方法论问题。众所周知,文学作为一门科学,没有全套通用的方法论工具,即不存在唯一的、绝对"正确"的、适用于所有文学现象的方法。因此,文学学不是铁板一块,而是不同文学知识种类的复杂总和。津根(С. Н. Зенкин)认为,这些不同种类的知识都有自己"擅长的"理论和方法论。

　　同时,文学学完全不是各种概念和学派的简单总和。贡巴尼翁(А. Компаньон)提出,文学学就是"辩论场",是不同批评流派之间的对话场,这些流派之间的相互关系构成了文学理论的历史。

　　本教学参考书的研究对象是国外批评史,即不同科学范式相互复杂作用的历史。文学学领域中的科学范式可以被描述成不同学派的总和,在分析艺术现象的论著中,这些学派依靠原则上一致的文本理论,还实行某种程度上一致的方法论宗旨。本书的研究材料是西方文学学发展中原则上被区分开的四个科学范式——阐释学、诗学、现象学和社会学。同时,文学理论的发展完全不是这几个范式的循序交替过程[如库恩(Т. Кун)在《科学革命的结构》一书中关于科学发展的通用体系]。不同范式构成了文学学的整个系统,而文学学的发展倚靠的是范式之间复杂对话式的相互关系。文学学中的范式不是简单的你我更替,而是彼此共存、相互渗透,周期性地在新形式中复兴,进而相互构成复杂的综合性知识形式。

　　本书的结构就预示着强调这一视角:文学学范式之间的对话。之所以提出这种原则,其一,可以把国外批评视作动态变化的精神空间,而不是各个不同的理论和方法的简单总和;其二,能够有助于攻克语文教育中最大的难题,即理论与方法论层面的反思。本书的教学法旨在使语文系学生在完成学术论文时形成独立地、创造性地使用文学学研究方法的习惯(而不仅仅转述某些文学学概念的内容),由此确立本书的构思。

以理论和方法论为基础,我们总结出国外文学学框架下科学范式的如下简要特点。

诗学 众所周知,该范式形成于古希腊罗马时期,在18和19世纪之交,经受了"严酷的危机",又多次在20世纪文学理论中复兴,譬如英美"新批评"、俄罗斯"形式主义"、法国"结构主义"。①

诗学范畴中的文本理论将文学作品视为封闭的审美对象,在作者和读者之外独立存在。因此,诗学范畴中的方法论宗旨致力于揭示作品内部组织的特点,正是因为这些特点,作品生成了某些文学效果。正如柯西科夫(Г. К. Косиков)所写:"这种含义本身并不是诗学特殊的对象;诗学感兴趣的是这些帮助含义体现并传达给听者的手段。"②

在研究该批评范式的框架下,本书拟介绍英美新批评和法国结构主义。

阐释学 这一范式同样形成于古希腊罗马时期,之后长期作为对神话、古代文学作品以及《圣经》的阐释存在,在19和20世纪的文学学中,阐释学又获得了大量不同的理论和方法论变体。把阐释学范式的各个学派统一起来的是所谓方法论标准,即致力于揭示文学作品隐秘深层的含义。但是,在阐释学范式框架下,对阐释对象本身的理论理解发生了变化。自阐释学诞生之日起到20世纪中叶,隐秘的文学含义被视为客观现实,以成品形式存在于作品中,专业解码可以破译。奉行这种关于阐释对象的观点的有:浪漫主义阐释学的创立者如德国哲学家施莱尔马赫(Ф. Шлейермахер)和狄尔泰(В. Дильтей),法国批评和自传学派创建者圣伯夫(О. Сен-Бев)。后来,阐释学又被诠释的心理分

---

① 柯西科夫 Г. К.《阐释学和诗学》//《文学问题》,1993年,第2辑,第38页。
② 同上。

析、荣格理论、神话批评等方法充实,这里提及的该范式内每个学派都是单独的,同时,每个学派都根据的是作品是含义现实这一传统观念,含义现实客观上包含除显性含义之外的隐性含义。

海德格尔(M. Хайдеггер)和伽达默尔(Г. Гадамер)提出了阐释学的某些概念,这两位学者也是阐释学本体论的创立者。同时他们二位的活动也标志了阐释学视角的危机:贡巴尼翁认为,海德格尔"将阐释学演变为空想",海德格尔论证了任何解释的相对性,表达了对文学作品内涵能否等值阐释的怀疑。随后,这一系列思想被其学生伽达默尔发扬光大,他在自己的著作中衍生出将文学语言视为诠释对象的新思维。伽达默尔没有将文学作品视为具有客观的固定隐秘含义的载体,而是视为只有在阅读过程中才会出现语义的一种现象。

阐释学视角的新变体——后结构主义正好激活了这一思想,即文本作为含义现实是不存在的,只能说存在含义形成("不管是在作者的创作还是读者的活动中")的过程。在法国后结构主义的影响下,形成了新的阐释理论,例如女权主义批评、美国解构主义。但是,在解构主义者的方法论框架下,"过度诠释"[艾柯(У. Эко)语]的传播标志了阐释学的新危机,在此基础上,在"新阐释学"框架下,赫施(Э. Хирш)宣称回归再现作者意图的传统诠释方法,作者意图客观地在作品中得以表达。

现象学 受德国哲学家埃德蒙德·胡塞尔(Эдмунд Гуссерль)关于人类意识意向性这一概念的影响,在西方文学学中建立了现象学这一范式。根据这一概念,人无法直接感知而只能通过意识活动才能认知世界,这种认知活动赋予经验和物体独特的含义。因此,现象学派一般视艺术作品为意识现象,即只有意识才能赋予含义的客体。文学现象学的方法论致力于揭示文学文本被创作和被理解过程中意识活动的经验。

尽管文学现象学形成于20世纪上半叶,其系统性发展得益于对文本即客观含义之载体这一阐释学理论的反应。正如英加登(P. Ингарден)所说:现象学必须"进行诠释",也就是致力于作品内涵的理解,现象学如此以独特的方法论棱镜丰富了阐释学范式。

文学现象学内部区分出若干批评分支。第一种:在其概念总和的框架下,作品被视为作者意识的现象[如日内瓦意识批评学派、让－保罗·萨特(Ж.-П. Сартр)批评中的想象理论和作者自我意识存在主义心理分析]。第二种:在其概念总和的框架下,作品被视为读者意识的现象(如美国的接受批评、布法罗批评学派)。第三种:在其概念总和的框架下,作品被视为作者意识和读者意识的对话现象(如萨特的艺术交流理论)。第四种:在其概念总和的框架下,作品被视为读者意识和文本的对话现象(如英加登的阅读概念、安·艾柯的交际合作理论、姚斯(Х.-Р. Яусс)的接受理论)。

应该指出,现象学范式内产生了来自不同范式方法的综合现象。在接受美学这一框架下,现象学、诗学及社会学方法彼此交融。一方面,文学作品的读者倾向性被理解为对受众产生影响的某些方法体系,因而成了研究对象;另一方面,读者与文本的相互关系可视为历史的发展,如姚斯研究在文化发展不同阶段的艺术接受特点,进而研究文学作品在新一代读者眼中呈现的不同方式。

另一种综合形式在"现象学嫁接阐释学"①的基础上形成,这就是保罗·利科(Поль Рикёр)的现象阐释学,在其框架下,不需要解释隐藏在文本中的客观含义,而是解释人类"叙述活动"的各种形式:写作、讲述、阅读。

社会学 这一范式形成于 19 世纪初,在当时文学学应对经典诗学和浪漫主义阐释学危机的背景下产生。一方面,文学社会学框架下的理论将文学作品视为外部因素(社会、文化、经济、历史因素等)叠加而产生的现象;另一方面,文学本身被视为社会意识形成的一个因素。社会学范式的方法论正是致力于揭示这一系统中决定个体创作、文学进程特征的因素,揭示对文学作品的语境接受特征。

19 世纪的文学批评中社会学批评的代表有:伊波利特·丹纳(Ипполит Тэн)的历史文化学派、马克思主义文学研究[保·拉法格(П. Лафарг)、弗·梅林(Ф. Меринг)];20 世纪的文学批评中,社会学批评的代表有一系列的新马克思主义流派,其中最引人注目的有阿多

---

① 保罗·利科语。

诺(T. Адорно)和霍克海默(M. Хоркхаймер)的法兰克福学派,以及本雅明(В. Беньямин)和卢卡奇(Г. Лукач)的批评活动。在近几十年文学学的发展中出现了"社会学转折",即社会学范式重新被激活。原因在于后结构主义理论的极端性,这种极端性是由于"不承认合理看法是文学反思的根基"(安·贡巴尼翁语),决定了后结构主义阐释学的危机以及对具体研究的回归。本书将介绍这一趋势的代表:美国新历史主义及法国社会学家皮埃尔·布迪厄(Пьер Бурдье)的文学分析方法。

我们将文学学中以上的所有范式总结如下:

表一

范式	文学作品的一般理论	一般的方法论宗旨	学派及代表人物
诗学	文学作品是封闭的审美对象,为了达到某种特定效果,在作者和读者之外独立存在	揭示文学作品的布局、结构以及营造艺术效果的手段系统	亚里士多德派(经典派);英美新批评派;俄国形式主义学派;法国结构主义
阐释学	文学作品是隐含的深层含义的载体(这种含义是现实、客观、隐藏的甚至是潜在可以实现的——这取决于各学派对文学作品隐含含义的诠释)	阐释文艺作品的深层含义	经典阐释学;圣经阐释学;法国浪漫主义阐释学(圣伯夫自传学派);德国浪漫主义阐释学(施莱尔马赫和狄尔泰);心理分析阐释学;荣格阐释学;神话批评阐释学;马丁·海德格尔的本体阐释学;伽达默尔的哲学阐释学;后结构主义;女性主义批评阐释学;赫施的英语"新阐释学"

续表

范式	文学作品的一般理论	一般的方法论宗旨	学派及代表人物
现象学	文学作品是(创作者或者受众的)意识现象,或是(作者与读者的)意识对话现象,或是读者与文本意识对话现象	揭示在创作或理解作品过程中意识的运转	意识批评; 存在主义文学学(萨特、阿·加缪); 美国接受美学批评[斯丹利·费希(С. Фиш)]; 布法罗批评学派; 英加登的阅读概念; 艾柯的开放作品理论; 德国接受美学:康茨坦斯学派; 保罗·利科的现象阐释学
社会学	文学作品是社会文化、历史共同作用的产物,也是社会意识形成的因素	揭示确定文学作品创作或者使用特征的因素系统,揭示确定文学作品语境阐释特点的系统	丹纳历史文化学派; 马克思主义文艺学; 法兰克福学派; 美国新历史主义; 皮埃尔·布迪厄的社会分析

接下来本书会涉及一些批评流派(学派、概念、组成要素)的问题,还包括逻辑思维以及流派间相互影响的特点问题。因此,关于每一个批评流派的论述都会遵照下列的逻辑顺序:发展初始阶段,论述其理论,诠释由此衍生的方法7论。

主题一 与诗学论争中的阐释学

一般认为,文学学作为一门科学形成于 18 和 19 世纪之交,因为当时阐释学和诗学经历了危机,在此之前,这两种批评的最古老学派在文学反思领域占据着重要地位。接下来这一章里我们将讨论这一危机以及在此基础上发展起来的文学批评形式。

§1. 阐释学简史

和诗学一样,阐释学也诞生于古希腊。起初,阐释学从事的是对神话和占卜术的解读。难怪从词源学上阐释学名字的由来与古希腊神话中的信使赫尔墨斯神相关:他负责向人间传达诸神的指令并解释这些旨意。赫尔墨斯的这种功能在这门科学的名称中被激活,阐释学认为文学材料需要解释、译码。因为阐释学的对象是作品中的隐秘含义,相较于诗学,阐释学在漫长的历史中追求的是另一种目标。我们知道,若诗学的目标是揭示文学信息形成有机联系所用的手法体系,则阐释学揭示的是作品含义层面的神秘面纱。

阐释学作为一门解释性学科,在长久历史进程中形成两种基本的形式。第一种被称为古典阐释学,其对象是古代经典作品。古典阐释学专门钻研古代文本的解读,它指出,这些文本除直接表意之外,还含有隐晦曲折之意。此外,古典阐释学将历史时期视为"遮蔽"

古代作品的含义、使之晦涩难懂的因素。其原因是:第一,随着时代变迁古代文字不易解读;第二,在长期的出版过程中大量古典文本会被误读、曲解。

第二种是与古典阐释学同时存在的圣经阐释学(希腊语为exegesis,意思是揭示),其阐释的对象是印在《圣经》上的上帝语言。我们来用中世纪的教父哲学(教堂长老对《圣经》的注释)作为例子。欧洲人文主义者对教父哲学的批评活动是中世纪圣经阐释学的鲜明例子。这些人中有鹿特丹的伊拉斯谟(Эразм Роттердамский),他在将福音书翻译成希腊和拉丁文时,发现了被扭曲的含义,于是加入了内容丰富的注解,目的是阐释基督学说的"伦理"含义,这样形成了福音书的新版本。德国新教之父马丁·路德(Мартин Лютер)也从事圣经阐释学,他依靠的是圣奥古斯丁(Августин Блаженный)的诠释。

19世纪初期形成阐释学新派别——浪漫主义阐释学。此派别的形成正碰上亚里士多德诗学危机期,这一时期文学学也发展成为一门学科。因为形成中的浪漫主义阐释学把自身与诗学对立起来,我们想阐明的是,诗学在文学反思领域的"亚里士多德周期"结束时[阿韦林采夫(С. Аверинцев)语]遭遇的"严峻危机"(柯西科夫语)的内容。

第一,18和19世纪之交,文学活动的亚里士多德观点被否定。我们回想一下其基本内容。亚里士多德认为,形象不是作者创作的产物,形象本体地、客观地、先验地存在于艺术家创作活动之前。因此,作者没有被视为形象的创造者。亚里士多德将作者看作作品诞生的四个主要原因之一的"培育"原因,其他三个是"物质原因,形式原因,目的原因"。因此,在作品诞生过程中作者扮演的是次要的、辅助性的角色:艺术家只是掌握该类型艺术活动准则的大师,像"接生婆"一样,帮助形象的实现(柯西科夫,1987,第9页)。柯西科夫解释道,18和19世纪之交,亚里士多德的先验主义遭到否定:在浪漫主义哲学框架下,形象是唯一的,是创作主体进行主观活动的结果,而作者是形象产生的唯一原因,"不是辅助工具",而是"自由、独立的力量","按照自己的尺度塑造对象并在其中体现自己的主观性"(同上,第 9 页),这些都使得可以在文学理论领域谈论作者范畴的产生。

第二,18 和 19 世纪之交,艺术创作领域中亚里士多德的准则、典范思想被摒弃。按照亚里士多德的思想,存在着典型的艺术形式,它们完美地符合创作目的预期的效果。柯西科夫如此阐明:"若悲剧的目的在于'净化'观众心灵,那么相应地(按照该逻辑——本书作者注)必须要有某种以最好形式达到该目的的典型悲剧,即完美体现悲剧形象的典型悲剧。"(柯西科夫,1987,第 10 页)在这一思想基础上形成这样的观念:存在一门能够教会作者创作典型作品的学科,借助于这门学科里的规则,按照其要求,文学创作活动可以达到最好的效果。亚里士多德的"诗学"认为自己就是这样的一门学科。在浪漫主义哲学框架下,作品被视为"个体灵感和主体自我实现的产物"(柯西科夫语),此时在创作领域存在准则的观点已经被摒弃。作为德国 19 世纪阐释学的代表,狄尔泰认为:"由亚里士多德创建的诗学已经衰亡。其形式和规则在诗学巨人菲尔丁(Филдинг)和斯特恩(Стерн)、卢梭(Руссо)和狄德罗(Дидро)面前成为某种不现实事物的苍白影子和从往昔艺术模型中剥离出来的陈规。"(狄尔泰,1987,第 136 页)

在与亚里士多德诗学观点争论的基础上,在文学批评领域形成全新方针:第一,将作者理解为作品表达出的唯一主体性的载体;第二,将作品的思想内涵理解为作者创作的独特结果。这些方针首次在浪漫主义阐释学框架下得以实现。同时浪漫主义阐释学不仅与亚里士多德诗学进行了论争,还与已经存在两千年的阐释学进行了论争。不过,阐释学和诗学一样,都获得了来自浪漫主义阐释学的责难,即对作者不关注。对于浪漫主义阐释学代表而言,缺少对作品创造者的关注,就不能正确理解作品。

但是,浪漫主义阐释学赋予不同的作者变体不同的目的。因此,以施莱尔马赫和狄尔泰为代表的德国浪漫主义阐释学旨在借助对作者本人的关注来阐释作品的思想内涵,而以圣伯夫为代表的法国阐释学派则完全相反,把作者生平的重要文件作为文本加以关注,旨在阐释作者的个性。把作者视为文学创作基础的、首要的因素,这成为把某些作者变体统一起来的方法论原则。下面我们来看以上所提及的阐释学思想理论。

§2. 法国浪漫主义阐释学：圣伯夫

查尔斯·奥古斯丁·圣伯夫（Шарль Огюстен Сент-Бев，1804～1869）被认为是第一个文学学流派的创建者，该学派被称为"自传派"，尽管研究者们认为将圣伯夫的方法称为"心理学派"更贴切，因为他首先致力于作者心理的再现。并且，圣伯夫本人也将自己的文学批评与"作家的心理研究"等同起来（圣伯夫，1970，第40页）。难怪圣伯夫将自己的批评实践视为未来科学的基础，这门科学的名字是"文学的自然史"："我搜集标本，我是人类智慧领域里的自然学者。"——这是圣伯夫的名言（圣伯夫，1970，第51页）。这位法国批评家把未来文学学科称为自然科学是因为，第一，这门学科与自然科学相似：圣伯夫认为，探究作者性格可以依据林奈（Линней）的分类方法，按照植物种类特征归类整理它们。这样，形成"智慧谱系"（性格的"标本"）。第二，圣伯夫称一直梦想着建立的科学为"自然科学"的思想基础是：在作者和作品之间一定存在着直接的、自然的基因链。以此为基础，圣伯夫形成对作品的理论解读以及应用于文学实践中的该方法论内容。接下来我们对此做进一步分析。

圣伯夫对于文学作品的理念完全和亚里士多德的相反。在亚里士多德的诗学中，作品就是按预先的形式本体地存在，在创作过程中作者只是起到"辅助工具"的作用。在圣伯夫看来，作品是作者主体性的语言表述，"与作者的'我'客观异在"（柯西科夫，1987，第11页）。因为，圣伯夫认为，作品中作者的个性"是从整体上表达出来的"（圣伯夫，1987，第46页），作品直接由作者"用语言表达出来的个性"所决定。在关于夏多布里昂（Шатобриан）的著作中，圣伯夫用以下方式阐明自己的思想："对我而言，文学和文学作品与人的其他天性无异,或者至少与它们分不开;我可以欣赏某些作品,但是如果罔顾我关于人类本身的知识的话,就很难评价它们;我可能会这么说:树木是什么样的,果实就是什么样的。"(圣伯夫,1987,第40页)

从把作品与作者个性等同的视角出发,圣伯夫认为文学批评的首要任务就是再现作者的心理面貌,或者是作者"鲜活面貌的复原"(圣伯夫,1970,第109页)。圣伯夫认为,批评家的目的"是看到作品中作者自身的表达""在诗人身上看到其人"(圣伯夫,1970,第48页)。

让我们来看看,使圣伯夫实现该目标的方法论究竟是什么。一方面,他采用一切有关作者的间接证据来研究作者心理:圣伯夫根据作者的信件、日记、回忆录或者其他类似资料来构建作者面貌。圣伯夫认为,要了解作者的"道德面貌",只须回答能阐明作者个性的这几个问题就好:"作者的宗教观点如何?他对自然风景有何印象?他如何对待女性和金钱?他富有还是贫穷?他日常的生活面貌是什么样的……最后,他有什么缺点和不足?对这些问题的任何一个回答对书的作者或者书本身的评价都是受到关注的——当然若回答不是单纯的几何条例的话。"(圣伯夫,1987,第46页)

但是,圣伯夫将文本本身也作为揭示作者个性的文献来源。这种情况下,圣伯夫的文学批评不是类似对"智力和性格"的科学观察(如他按照自传性质文件确定作者心理研究),而是类似转换的艺术、习惯作者和移情作者的艺术。"我一直认为,应该把笔尖往你打算撰述的作家的墨水瓶里蘸一蘸。对我而言批评就是再现。我努力与要再现的人融为一体。我深入领会作者,习惯其语体风格,效仿其笔法,通过自己的笔再现出来。"(圣伯夫,1987,第51~52页)并且,对于圣伯夫而言,移情作者完全不是天才评论家特殊能力的结果,即能直接琢磨透其他人"才智"的能力。他将移情解释为是对其作品深思熟虑阅读的结果,对文本反复揣摩的结果。这与其说是天赋,不如说是后天的努力——尽力"慢慢阅读"。圣伯夫在日记中写道:"慢慢读,最终他们(指作家们——本书作者注)用自己的语言将自己清晰地勾勒出来。"(同上,第52页)

因此，圣伯夫的批评法是依靠直接研究作者的生活轶事以及体验作者的内心世界来探寻作者的"心理特征"。因此，圣伯夫的解释对象与其说是作品本身，不如说是作者内心生命的奥秘。作品只是提供诠释的手段和工具。圣伯夫写道："我谈论的不是他们的（指作家们——本书作者注）作品，而是他们个人。"（圣伯夫，1987，第52页）尽管有些时候圣伯夫也会探讨作品本身，但是这种探究或依靠作者的个性信息，或为了琢磨透其内在个性。在这些情形下，探寻作品与作者的直接（按照圣伯夫的话——原本固有的）关系是不可动摇的。

我们再来看几个例子。

在关于高乃依（Корнель）的随笔中，圣伯夫根据一个高乃依传记作者的文献，借用他关于《熙德》（《熙德》是高乃依的悲喜剧——本书译者注）作者的描述。该借用片段正是为了证明高乃依大量各视角的作品正是基于他的心理特征。因此，高乃依对西班牙史诗情节的关注，在圣伯夫的眼中正是因为高乃依具备"崇高品德、胸襟宽广、善良这些道德品质"。"诚实，道德高尚，习惯于走路抬起骄傲的头，他一下子就被这个英勇民族的侠士风范所吸引。他热情奔放，孩子般的真诚，忠诚于友谊，在爱情中舍弃自我，富有使命感，他真诚朴直的气质，谨遵劝谕，诚实守信——所有这些都使得他倾向于西班牙体裁。"（圣伯夫，1970，第55页）

这样，经过将剧作家与其作品的"自然"关联，圣伯夫实现了作品的悲剧形象探究。圣伯夫写道："高乃依笔下的人物们凛然正气、宽宏大量、英勇侠气"，他们"品德高尚"，因为作者"与其作品中的这些主人翁在内心深处相似"（圣伯夫，1970，第63页）。在对高乃依作品中反面女性人物（"这些令人着迷的泼妇"）做模式化分析时，圣伯夫认为"这些人物的作者对女性缺乏了解"，因为"作者写了一个令人尊敬的资产阶级的家庭生活，但这个资产阶级一次也没有受到剧院的诱惑，也没受到剧院环境自由气质的影响"（同上，第53页）。当发现高乃依塑造的女性形象有可信度时，圣伯夫也认为这来自作者的个人经验："他能在希梅娜和波琳娜身上体现忘我的可贵精神，这也正是作者自己在年轻时表现出来的精神。"(同上,第63页)圣伯夫指的是年轻的高乃依对所爱女性那种"恭敬"且忘我的态度,但那个她并未回应他的爱。

圣伯夫在随笔中,运用另一种风格讲述同时代人居斯塔夫·福楼拜(Гюстав Флобер)的故事。这一次,他没有像对待高乃依那样,系统化总结作者的个性。可能正因如此,这个随笔不像传记,而是分析其主要作品——《包法利夫人》。圣伯夫细腻地揭示福楼拜的那些风格特点,它们在1860年代的法国文学背景下显得那么不同寻常。那些特点有:"作者追求绝对的公正"、小说"个性之外的特征"、直面生活乏味的真理、"惊人的真实性"、针对女主人公性格进行无情的讽刺和残酷的剖析、描绘女主人公去世时的"冷酷详尽",还有缺乏"正面的开端"。同时,按照在作者个性和作品之间寻找"自然"联系的思想,圣伯夫在作家传记中探寻打开上述福楼拜风格特点的"钥匙",最明显的一点就是福楼拜出身医生世家,因此,形成福楼拜作为小说家的"探究精神、观察力、成熟、有力量、某种严酷"。"福楼拜的父亲和哥哥都是医生,福楼拜拿笔就好像他们拿着解剖刀一样,如同解剖学家和生理学家一样,我洞悉你们的一切。"这样,圣伯夫关于福楼拜的随笔以获寻到答案而圆满结束。

柯西科夫将圣伯夫文学研究方法的优点与他的"敏锐的心理直觉"联系在一起:"圣伯夫确实创造了一系列准确而明丽的文学肖像,这些形象让人熟记于心、精彩绝伦,直到今天,当我们着力于想象之前一些作家笔下的'鲜活形象'时,也仍需要这些形象的启发。"(柯西科夫,1987,第12页)但是圣伯夫的方法论也存在明显的缺陷,即把传记中的作者与文本内的作者等同起来。马塞尔·普鲁斯特(Марсель Пруст)提出对圣伯夫方法论的驳斥,普鲁斯特在其《驳圣伯夫》一文(1954年发表)中写道:"此方法要求不要将作者与其作品分离,这和更深层次知识教会我们的内容是背离的:书籍才是另一个'我'的产物,而不是体现在我们的日常习惯、交往和不良嗜好中的内容才是另一个'我'的产物。"(普鲁斯特,1999,第36~37页)

§3. 德国浪漫主义阐释学：施莱尔马赫，狄尔泰

弗里德里希·施莱尔马赫（1768～1834）是德国浪漫主义阐释学的创建者，他是新教神学家、柏林大学神学和哲学教授、皇家科学院哲学组负责人，费希特（Фихте）和黑格尔（Гегель）也觊觎这个负责人的职位，但施莱尔马赫"超越了"这两位，获得了这个职位。在柏林大学，施莱尔马赫讲授的课程是"阐释学"，但是这部《阐释学》是在他去世后才以他的名字出版，这部著作再现了他的学术理念，此书以他个人的备课笔记和学生们的课堂笔记为基础编订而成。

和圣伯夫一样，在与亚里士多德诗学的论争中，施莱尔马赫完成了自己的阐释学。亚里士多德学说的拥护者们不愿意承认诗学在18和19世纪之交时的危机状态，他们坚持认为，关于文学的科学的目的应该是按照相应的准则来评价作品，而这门学科的对象自然是作品的形式，是作品的内部结构，而不是含义：含义被诗学视为显而易见的，不是什么问题。在德国这种思想的框架下，出现了这样的观点，例如，弗·施莱格尔（Ф. Шлегель）在《论不了解》中明确语文学为"不需理解"的学科，即该学科的任务完全不包括理解内涵。施莱格尔认为，语文学与哲学的区别就在于此，哲学就应该研究其内涵。

施莱尔马赫是弗·施莱格尔的好朋友，他是施莱格尔主持的刊物《雅典娜神殿》的编辑，也是施莱格尔长篇小说《路清德》的维护者，这二位关于语文学的潜能与任务展开了论战。施莱尔马赫坚持认为语文学是可以被理解的，正因这一点，在漫长的历史中它与诗学并存，它以经典阐释学和圣经阐释学的形式存在。因此，施莱尔马赫将自己关于理解含义的学说称为阐释学，指的是古代传统上对文本含义层面的解释。

但是，这时施莱尔马赫又与这一论断产生了论争。施莱尔马赫写道，以前的阐释学在描述可能不懂的地方时，研究的是古代文本或

者《圣经》中碰到的难点,对它们进行阐释。施莱尔马赫认为,脱离对整个文本的理解,就无法弄懂文中的难点。因此,按照施莱尔马赫的观点,阐释学的策略应该是另一种形式:阐释学研究的不是个别不理解的情况,而是研究理解的过程本身。同时,施莱尔马赫将理解过程描述成人类活动的最复杂形式和严肃的科学问题。我们接下来阐明这一论题。

按照施莱尔马赫的观点,理解的目的就是弄懂他人话语的含义。但是,按照浪漫主义的观点,每一个人都是独一无二的个体,正如施莱尔马赫所写:"每一个人都按照自己独有的方式表达人类。"每一个人的言语不管是口头的还是书面的,都是独一无二的,因此,想要琢磨透他人的思想,需要有一定的理解能力。

在阅读时,理解旨在弄清楚作者言语的独特含义。解释作者言语也是阐释学的任务。并且,施莱尔马赫将阐释学看作一门学科,它能帮助我们"更好地理解"作者的言语,胜过作者本身对自己言语的理解。"比作者本人更好地理解其言语和作品"——这种思想构成了施莱尔马赫的诠释目的。

施莱尔马赫认为,阐释学家能够更好地理解作者的言语,因为他掌握了阐释的特别规则。因此,他能理解隐藏在作者理解之外的思想。

施莱尔马赫将下列准则定为阐释学首要准则:"通过局部了解整体,而对局部的解读离不开整体。"这一准则后来被命名为"诠释循环"(Zirkel in Verstehen),尽管施莱尔马赫本人并没有在解释准则中提及该术语。

根据这一准则,施莱尔马赫将作品既看作部分又视为整体。

我们先来看第一种情况。将作品视为部分,施莱尔马赫的意思是:第一,作品是创作语言的部分表达;第二,是作者内心世界的部分表达。因此,作品也被视为隐藏含义的载体,这些含义不仅对于读者,而且对于作者本身而言都是隐藏的。对于读者而言,这些隐藏含义和作者内心隐秘的情感相关。而对于作者,这些隐藏含义是在作者用语言工作的过程中产生的:作者将通用的语言单位赋予隐秘的个人内容,并不怀疑在此基础上产生的含义效果。

把文本作为作者精神的"部分"和语言的"部分"来阐释,这成为施莱尔马赫阐释的方法论前提。他写道,对作品应该从两个层面去解读:语言层面和精神层面。施莱尔马赫将语言层面的阐释称为语法阐释,将精神层面的阐释称为心理阐释。那么,接下来我们就探讨不同的阐释类型的方法论。

施莱尔马赫如此定义**语法阐释**:就是将作者的言语解释为"从语言中抽取的一部分"。这指的是作品中的词汇不是在语言含义层面使用,而是用在作者特别个性的含义层面。施莱尔马赫认为,阐释学家应该致力于揭示作者赋予语言的主观意义。只有这样,解释者才能领悟作者用语的特点,才能进一步揣摩清楚作者的思想意图。

具体到应用实践中,施莱尔马赫建议将文本中作者的遣词用意与字典中的解释义项(即语言意义)做对比。

我们再来看施莱尔马赫自己在诠释实践中运用这一准则的例子。需要指出的是,尽管施莱尔马赫认为,研究出的阐释学是通用的科学,即可以适用于所有文本,但在他的著作中唯一的阐释对象就是新约。对于新约的阐释,施莱尔马赫使用了两种语言:古希腊语和古希伯来语(阿拉米语)。施莱尔马赫写道,新约里这两种语言以令人吃惊的方式结合起来了。新约是用古希腊语的一种方言写就,但是传道者的母语却是阿拉米语。施莱尔马赫推测,新约的一部分章节最初是由阿拉米语写就,后来由传道者们翻译成了古希腊语。因此,为了参透其含义,一方面,需要对比新约和古希伯来语版旧约中相同词汇的意义;另一方面,还要对比这些词汇翻译成希腊语后获得的新义。为了完成这一构想,施莱尔马赫使用了旧约译成希腊语的最早版本——七十士译本,用翻译人员的数量而命名,按照传说,一共70个人。借助于此次双重对比,施莱尔马赫发现,表示同样概念的一些词汇在旧约和新约中却具有不同的含义色彩。在揭示新约里词汇特有的意义后,施莱尔马赫提出这样的假设:新约词汇克服了其在旧约里的意义,获得新的基督教的原本意义。

按照施莱尔马赫的观点,阐释程序的另一个方面是心理阐释。

此情况下,作品被视为作者个人传记系统中的成分之一。这种类型的阐释可以再现作者的内心感受,在此基础上作者产生了构思,这种感受在作品中被直接表达出来。因此,作者传记和心理综合研究、探寻推动作者写出作品的情感——这些就是心理阐释的基础。

我们来看第二种情况,即按照施莱尔马赫所述,作品可以被视为整体。施莱尔马赫把这一视角的阐释称为**技术阐释**。此时讲的是作品审美完整性。根据这一思想,只有透过作品整个结构的棱镜,文学形式的每个元素才会一目了然。为了实现技术阐释,施莱尔马赫建议使用作者自我映射分析——在文本中找到作者感受的自我表达,通过这种方式分析作品的艺术特点。这既是作品布局结构的分析,同时也是其体裁特点的分析。

施莱尔马赫认为,对于没有运用心理阐释的作品而言,"技术分析"是理解它们的第一要素。譬如,这是没有确定作者的作品,或者作品中没有准确或者至少没有足够的信息资料涉及作者的生活,不足以分析其他个体的心理状态。此外,还有作者问题没有解决的作品。《圣经》就属于此类作品,施莱尔马赫认为,其来源可能是圣徒,也可能是普罗大众。不能从其文本中查阅到作者的生平背景,施莱尔马赫写道,这样的文本就成了阐释学之谜。但是技术分析能够在作者身份资料匮乏之下"缩小"猜测范围。

因此,施莱尔马赫认为,只有在以下两方面都满足了,才能真正理解作品的含义:第一,将作品视为作者生活的一部分,也是作品所用语言的一部分;第二,将作品的每一句话和布局要素都视为整体的组成部分。

我们需要注意,在诠释作品时,施莱尔马赫建议将不同的分析方式结合起来:语言分析(通过对比作者用语的意思与该词语的字典解释义项的差异),作者自我映射分析(通过分析作品的内部结构),作者心理分析(通过研究作者传记、对比作者与其他作者个性的异同)。

但是,施莱尔马赫认为,分析一定要和另一种阐释类型结合起来——与臆测结合。臆测是一种解释方法,靠直觉来实现。正如哈比托娃(Р. М. Габитова)所讲,臆测和分析不同,它缺乏逻辑上的解释(哈比托娃,1985)。臆测是通过阐释者对作者的移情、体验实现的。施莱尔马赫将对作者的移情理解为消灭那段把阐释者和作者区分开的历史距离。据施莱尔马赫所写,阐释者若能超越自己的历史和生活背景,在生活和语言知识上与"作者处于平等位置",则诠释者就能达到这种臆测水平。施莱尔马赫认为,要想理解作品,阐释者需要摒弃主观性,同时在想象的基础上要进行特别的努力——努力地渗透到作者的个性之中。因此,施莱尔马赫认为,确保阐释学成功在于:不仅要采用诠释准则,而且还取决于诠释者的天赋,取决于他对他人的再现和移情能力。因此,施莱尔马赫用一个词来给阐释学定义——"Kunstlehre"——"关于正确理解他人言语艺术的学说"[沃尔斯基(А. Вольский)译]。由此,施莱尔马赫将阐释学演变为科学和艺术的综合。

现在,我们已经明了,在施莱尔马赫的学说中,可以将作品作为整体(相对单个词汇或者结构中的个别元素而言),也可以作为局部(相对作者的语言和生活而言)来理解,在其阐释过程中需要将分析和臆测结合起来,这样我们就可以确定施莱尔马赫阐释学总体规则的实质——这规则后来被命名为阐释学循环。施莱尔马赫认为,理解一直以来都是从解释者的直觉推测开始,即关于作品的整体含义的直觉。产生了臆测的假设,阐释者竭力验证这一假设,他就会依靠分析作品的局部或者将作品视为作者语言和生活的一部分来验证。在此分析基础上衍生针对普遍含义的新臆测假设,这一假设又遭到分析验证,依靠的方法是分析作品的部分、作者的语言和生活等。因此,阐释者对作品的理解总是按照阐释学循环进行:从对整体的臆测到局部分析,从局部分析再到整体上的新臆测。这样的循环一直持续着。如此这般,在对文本的反复多次阅读中慢慢形成对作品的理解。

施莱尔马赫认为,这种阐释学循环的终结是任何理解将面临的首要难题。对这一事实的深刻感触使得施莱尔马赫需要寻找克服循环的方法。但是,显然存在从含义的循环运动中抽离出来的唯一方法:这是阐释者对作品全面详尽理解的成果,这种理解就是阐释者在总体未知的作者含义中揭示作品中的每一个词汇。施莱尔马赫坚信这种理解是可以达到的,尽管他也认识到,这堪比奇迹。但是,施莱尔马赫认为,伴随阐释学循环的新一轮循环,伴随着新假定,阐释者对作者言语就有更深刻的理解,更接近作者隐晦深刻的思想内涵。

德国文学学框架下的另一个阐释学理论是威廉·狄尔泰(1833～1911)的理论,他是哲学教授、精神历史学派创建人。狄尔泰采用施莱尔马赫学说的变体作为自己阐释学思想的基石。狄尔泰关注施莱尔马赫的阐释学,是要论证人文科学和自然科学知识之间不同的特点。①

狄尔泰将所有的科学分为两类,彼此的对象和方法都不相同。

第一种类型是*自然科学*。其对象是自然界的生活和规律。这些科学利用的是解释的方法。狄尔泰分出的第二种类型是*精神科学*,也即这门科学的研究对象是"人类的精神生活"、文化。狄尔泰认为,理解方法是这些科学的通用方法:"我们解释自然生活,而理解精神生活"——这是他的著名论题。为了论证理解方式作为精神科学通用方式的特点,狄尔泰借用了施莱尔马赫的学说,因为,之前我们讲到,施莱尔马赫将阐释学视为通用方法论(也即是用于任何语言现象)。下面我们来详述狄尔泰采用施莱尔马赫阐释学的相关理论变体作为支撑的内容。

狄尔泰利用施莱尔马赫方法论变体的第一层面就涉及对诠释程序内容的理解。狄尔泰摒弃了语法层面的阐释。若是施莱尔马赫对文本的解读是基于不同层面(语法的、心理的、技术上的)理解的综合,那么,对于狄尔泰,理解的方法首先是再现文本中表达出的作者感受。狄尔泰对文本的解读正是这样的方式(符号再现作者情感)。

如果说施莱尔马赫将心理阐释看作分析和臆测的综合,那么,狄尔泰只是把理解与臆测等同起来。也就是说,狄尔泰把对作者个性

---

① 我们在圣伯夫那里也看到了类似富有表现力的说法,圣伯夫坚持认为在作者和作品之间具有自然的联系,他希望按照林奈对植物的分类模型建立作者性格类型学,普鲁斯特称之为"文学植物学"。

的认知分析方法排除在外。研究这位德国哲学家创作的一位学者写道:"狄尔泰认为,对人的认知就意味着参悟透他的动机、思想、观念以及他的整个精神世界,要达到此目标的唯一途径就是,和他者移情,独特地再现情感。"(柯西科夫,1978,第17页)因此,施莱尔马赫坚信可以通过解释规则来等值阐释作品,而狄尔泰对此产生了怀疑。

狄尔泰用施莱尔马赫学说变体的另一层面是关于阐释者活动特点的理解。我们要提请注意,施莱尔马赫认为,阐释者的主观性阻碍了对原信息的理解,并因此,需要有意地改正这一点(从阐释者方面讲)。狄尔泰提出相反的观点:阐释者的主观性和对作者的移情并不冲突;相反,这种主观性还能促进移情,因为,对作者的移情伴随着体验他的特殊性,作者的心理活动是理解的对象。因为,阐释者将作者理解为独特心理的载体,作者独有的内心状态使理解其他个体的独一无二性变得更为突出。此外,狄尔泰认为,这种理解形成并充实了阐释者的主观性,成为其"自我理解"的要素,要知道,正是对他者的移情才使阐释者"沉浸在想象中,感受当代和个人命运给不了的东西;最高极限是感受整个人类的过往"(柯西科夫,1987,第19页)。

因此,在哲学系统里,狄尔泰的诠释一方面是特别的心理活动(这里不是指施莱尔马赫理论中的精神心理活动);另一方面是强调个体的个性(这里不是要像施莱尔马赫一样舍弃诠释者的主观性)。

狄尔泰的实践方法是"描述心理学"。狄尔泰如此命名这种认知作者精神生活的方法,通过这种方法在作品中探究作者的内心世界的表达,"不是明其内心,而是体验感悟"(也就是不需要解释,不需要汇聚各种事实来做分析,而是通过体验的方式来感悟)。狄尔泰将这种方法应用于文学中作者生平履历分析。狄尔泰写了歌德(Гёте)、彼特拉克(Петрарк)、莱辛(Лессинг)、诺瓦利斯(Новалис)、狄更斯(Диккенс)的传记。传记随笔作为一种研究方法传达了文本与作者内心世界的关联性。狄尔泰将圣伯夫对作品思想的解读转变为对作者心理的感悟。

除了这些不足点,浪漫主义阐释学存在的普遍缺点是对历史背景过于轻视:把文学创作与历史进程割裂开。不过,狄尔泰的这种立场是有原则的,因为,他将自己的理论与历史文化学派对立起来,历史文化学派在自己的理论中加入了国外新批评理论的内容——社会学范式,我们将在下一节探讨这一内容。

参考书目

狄尔泰.描述心理学.圣彼得堡,1996.

狄尔泰.精神科学概论.诗学想象的力量.载于《19～20世纪国外美学和文学理论：论著、论文、短论》,莫斯科,1987.

普鲁斯特.驳圣伯夫.论文和短论.莫斯科,1999.

圣伯夫.文学肖像.莫斯科,1970.

圣伯夫.不同年代的作品.载于《19～20世纪国外美学和文学理论：论著、论文、短论》,莫斯科,1987.

施莱尔马赫.阐释学.圣彼得堡,2004.

沃尔斯基 А.Л. 施莱尔马赫和他的阐释学理论.施莱尔马赫 Ф.《阐释学》圣彼得堡,1996.

哈比托娃 Р.М. 施莱尔马赫的"通用阐释学".载于《阐释学：历史和当代》,莫斯科,1985.

古钦斯卡娅 Н.О. 语文阐释学纲要.圣彼得堡,2002.

柯西科夫 Г.К. 现代文学学和文学理论问题.载于《19～20世纪国外美学和文学理论：论著、论文、短论》,莫斯科,1987.

拉什克维奇 А.В. 阐释学概论：人文学科大学生电子超文本教材.伊热夫斯克,2000.

米哈伊洛夫 А.В. 历史诗学和阐释学.莫斯科,2001.

主题二 社会学范式的形成

§1. 历史文化学派:与浪漫主义阐释学的论争

国外文学学中社会学范式的形成与19世纪中叶法国文学批评中历史文化学派的形成有关。这一学派的奠基人和主要的理论家是法国实证论哲学家伊波利特·丹纳(1828~1893)。

历史文化学派对作品的理论理解和浪漫主义阐释学的理论相矛盾。例如,圣伯夫将作品看作一个表达了作者个人心理的文件。丹纳也将作品视为文件,但这个文件表达了整个民族在特定发展时期的心理。丹纳在《英国文学史》序言中写道:"文学作品不仅是想象的游戏、炽热内心的天马行空,也是风俗的影像和智慧的见证。"它"只是一个贝壳化石的印痕,就像很久之前活着又死去的动物曾遗留在石头上的印迹一般"(丹纳,1987,第72页)。我们继续这段著名的引言:"在贝壳中曾生活过动物,而在文件中也反映了人。如果不是为了认知动物,那么您为什么研究贝壳呢?同理,研究文件的目的是了解人。贝壳或文件都只是碎片,这些碎片的价值只在于弄清生物的完整生命而已。"(丹纳,1987,第73页)

基于作品是时代"印痕"这一理解,丹纳认为文学学的目标在于"通过文学古代文献……判断多个世纪前人们的想法和感受"(丹纳,1987,第72页)。过去文学创作了人们的感受和想法,而重构这些能够确立某些客观规律,即"人类精神发展史的客观规律"(丹纳,1987,

第95页)。因此,历史文化学派的研究方法首先与诗学是对立的。正如丹纳在著作《艺术哲学》中写道:"该流派没有强迫别人用规则,而是确立规则。"(丹纳,1996,第8页)该流派的批评活动致力于寻找文化发展的决定性规律(或者,按照丹纳定义"自然的原因")。

这一方法论宗旨的形成受到实证主义的影响。实证主义哲学理念在19世纪上半叶首次经历了蓬勃发展,在该理念下,人是文化性的这一构想的建立,以同时代自然科学的发展为基础,而自然科学致力于寻找统治自然界的因素。柯西科夫写道,实证主义"否定自然与文化间的本质区别",它认为文化"完全受到普遍'自然力'的决定性影响,这种自然力不仅不取决于人的意志和认知,还决定着它们"(柯西科夫,1987,第15页)。由此自然科学的原则就被引入新的研究领域,研究非自然现象,即人类文化活动的产物。丹纳在类比文化科学和自然科学时写道:"正如矿物学中的晶体……来源于物体的几种最简形式,历史中的文明尽管千奇百态,都发源于几种最普通的精神。"(丹纳,1987,第79页)

按照这一方法论宗旨,丹纳发现了三个客观因素,三个"*自发原因*"(即种族、环境和时刻),这些决定了任何一个民族的发展。丹纳指出最重要的因素便是种族,这里他指的是"与生俱来的遗传的偏好,这些偏好与人们同时降临到世上"并决定了人的种族性。与此同时,种族是"人的自然性差异,正如牛和马是不同的品种"(丹纳,1987,第82页)。

第二个决定文化的客观因素是"种族所处的环境",也就是地域、气候、社会条件和环境。

第三个因素是"时刻"。这里指的是民族发展历程中的具体阶段、其历史特点。

实证论者丹纳认为,这些因素整体上充分决定了文化的发展。文学应该帮助探寻决定民族一切生命形式的"伟大的原始动机"。丹纳认为,文学"高于一切其他文件,那些文件使我们能够了解先辈的想法"(丹纳,1987,第94页)。如此,文学作品就成了研究民族历史"完美的、极其敏感的工具"(就像物理学家用来衡量"物质最小……

变化的器具")。丹纳感叹道:"从古代文学文献中能够汲取的非常之多,我们从中探究作者的心理,有时探究时代心理,有时甚至是整个种族的心理。"(丹纳,1987,第94页)

由此在丹纳的研究体系中作者被看作民族心理的独特代表以及生存环境、客观历史影响的呈现。作者的个性,他的理想、价值观、想象(即浪漫主义阐释学称的作者的内在心理世界),这些并不对丹纳构成自我价值的意义。更重要的是在他看来不存在个性。丹纳认为,每个民族的文化都具备主导性,这种特性的形成首先与种族和环境相关,作者的特点不过是这种主导性的变化。

与达尔文自然理论相似,丹纳也论述了文化自身发展的规律。他认为文化发展遵循一种类似自然选择的规律。文学形式的更迭(一些文学形式消逝,另一些得以"繁衍")受到"环境""时刻"等自然原因的影响,丹纳认为这便是规律在起作用。

丹纳建议在对具体作品的内涵产生疑问时要查明其原因。他认为,为了理解作品内容,研究者应该了解作品创作时期独特的社会精神和意识习惯:"正如研究物理温度是为了明白各类植物的产生条件……同理,需要研究精神温度。"因为"凝聚人类智慧的文学作品像自然界万物一样只有通过自己的环境才能解释清楚",丹纳在《艺术哲学》一书中写到(丹纳,1996,第11~12页)。这种方法致力于研究艺术现象产生的原因,它使我们能够建立民族文学史,按照丹纳的理解,换言之,"将作品按照属性归类存放于……图书馆中,就像把植物收入标本,把动物陈列在博物馆中"(同上,第13页)。

历史文化学派研究方法的缺点十分明显。首先,它忽视艺术中的个性起源。我们引用另一位历史文化学派的代表人物厄内斯特·勒南(Эрнест Ренан)极具表现力的观点来肯定这一论断。就19世纪法国文学学关于《罗兰之歌》的作者问题发生的讨论,他说道:"如果你们翻开书发现作者是一个鄙俗的人,你们还会称之为民族史诗吗?这位站在人类和我之间的人与我有什么关系呢?他微不足道的名字对我有何裨益呢?这个名字是假的,他不是真正的作者,在某一时期某一地点劳作的民族才是。人类才是王道,天才只是人类训诫的执

行者。"(柯西科夫,1987,第14页)

其次,不足在于实证论仅限于对文化因素进行线性原因研究。丹纳把文学活动局限为阐明原因:"弄清原因,再无下文。"——这就是他在《艺术哲学》一书中的文学研究方式。威廉·狄尔泰也反对这种把文化进行自然科学式的解释,他认为必须区分开"精神科学"和"自然科学"。他不仅反对将人类精神的作品与自然现象进行类比,也反对这种用于文化生活的解释方法本身。丹纳也从遗传学、因果角度解读人类精神现象。威廉·狄尔泰认为就精神世界来说,理解与解释这两种方法是对立的。他在《精神科学导论》中写道,"将我们称之为歌德生命的一切激情、诗歌形象、创作构想从他的脑子和身体里分离开"是不可能的(狄尔泰,1987,第117页)。

在读了丹纳的《英国文学史》后,福楼拜也针对历史文化学派进行了批评。他指责历史文化研究法不分析作品的艺术特色,忽视文学的美学性,因此无法将"杰作"和"劣作"区分开来。他写道:"细究作品产生的环境、原因并由此得出各种结论,那么诗学在哪里?……布局、风格、作者观点在哪里?这些并没有涉及……令我生气的是将杰作和劣作相提并论……没有比这更愚蠢和更不道德的了。"(《文学术语、概念百科》,2001,第425页)不过,历史文化学派不把文学作品作为美学现象进行研究,而作品的独特价值恰恰与其"反映"时代精神密切相关。

§2. 马克思主义文学批评:与阐释学相综合的社会学

若在历史文化学派范围内,文化被认为是由作者民族心理以及作者所属的某个自然地理和历史背景确定的现象,则在马克思主义文学批评范围内,文学被视为由作者社会属性所确定的现象。

19世纪后三十年,在卡尔·马克思(Карл Маркс)提出的艺术见解影响下,形成了马克思主义文学批评。马克思认为,经济关系决定社会发展。这些经济关系共同构成社会基础。人类文化其他方面的体现都是以经济为基础的上层建筑。因此,艺术被认为是从经济中派生出来的,艺术的发展受社会经济状况决定。马克思将人类文明历史进程区分为几个不同的社会-经济形态(古代社会、封建社会、资本主义社会、社会主义社会),每一个社会形态都有自己的艺术形式。每一个社会形态内都不是单一均衡状态:社会总是处在不同阶级(按照与生产资料的关系性质区分出的集团)的对抗中,每个阶级都有自己特有的意识形态。这种阶级的意识形态构成了人们的认知,并将人们与相应的世界图景关联起来,这世界图景和该阶级有利害关系。因此,马克思将人视为意识的载体,这种意识不符合实际,由于自身所属社会所限,作者也不例外,也是意识的载体,这种不符合实际的意识产生于自身所属阶级。

在上文所述作者意识理念的范围内,艺术作品被视为作者所在社会阶层的意识形态表达。马克思认为,文本是对世界图景的编码,文本的创作者无意识地受到所处世界图景的羁绊。不以作者意志为转移,文本都一定会反映出主宰作者意识的意识形态。

在对创作如此理解的基础上,形成了马克思主义文学批评的方法论。对无意识反映在作品中的阶级内容进行解释,这构成了其方法论。马克思主义文学批评力求揭露作者的意识形态方针(有时作者本人都不知晓),这样揭示作品隐藏的社会内容和它真正的阶级含义。

因而,如果在理论层面体现马克思主义文学批评的社会学性质(它从作者的社会属性因素中总结出其作品的含义),那么在方法论层面它就是阐释学的一种变体(因为它的目标就是理解作者不自觉地体现在作品中的隐含含义)。

我们转向代表人物。第一个马克思主义文学史家是德国的学者弗兰茨·梅林(Франц Меринг,1846～1919)。他的文学批评著作首先是有关德国文学发展的。马克思主义关于社会的经济发展决定了文学发展的观点为这些作品带来了激情。因此,当谈到英国和法国戏剧对德国戏剧创作艺术的影响时,梅林认为莎士比亚是"已经资产阶级化的贵族诗人（正是这样的贵族在文艺复兴时代是社会的统治阶级）"，而莫里哀是正在形成的资产阶级艺术家。在《莱辛传奇》(1893)一书中，梅林认为德国古典主义的发展是直接依赖于普鲁士君主制的经济活动。普鲁士腓特烈大帝（Фридрих Великий）阻碍了资产阶级关系的发展。在梅林的论述中，这个事实也决定了莱辛作品中的阶级含义。梅林把这个含义和追求解放运动的资产阶级意识形态的表述相结合。在研究过程中，梅林试图推翻在德国批评界中普遍的一个概念，即莱辛是腓特烈二世的忠诚追随者。在梅林的重建中，莱辛反而成了反对君主专制政体的斗士、18世纪"最具有资产阶级性质的诗人"（梅林, 1985, I, 第74页）。因此，这位德国启蒙者的创作表达了德国政治生活中革命的进程——梅林反对当时批评界的传统观点。

在法国，保尔·拉法格（1842~1911）是马克思主义文学批评的主要代表人物。遵循马克思主义文学创作思想，拉法格在《浪漫主义起源》(1885~1896)中将浪漫主义流派视为"阶级文学"（拉法格, 1964, 第149页）。此时，浪漫主义的阶级根源，一方面是贵族阶级，另一方面是资产阶级。拉法格认为，浪漫主义以离奇的方式将"贵族对雅各宾的恐惧"思想与雅各宾激进思想本身结合起来：对于贵族而言，浪漫主义成为"阶层自我防御的武器"；对于资产阶级而言，浪漫主义成为"统治阶层的武器"。因此，拉法格将这些浪漫主义的崇拜感、对新事物的猎奇特点解释为贵族对理性改革的反应，而拉法格将浪漫主义文学中的个性趋向归结为资产阶级意识形态。

在《维克多·雨果传》(1885)中，研究对象是这位浪漫主义作家的阶级思想，在其创作中可以觅得踪迹。在拉法格的解析下，雨果实际上是资产阶级势力见风使舵的典型代表，因为一开始他就将"自己的文学才华卖给了君主"，1830年后改变了自己的立场，转而迎合新的共和政体（拉法格, 1964, 第160页）。拉法格认为不管在哪个时期——正统主义者时期，抑或共和主义者时期，这种前后不一致的行为都是雨果"资产阶级本性"的体现，"永远都是为了实现自身利益"（同上，第170~171页），最终"自己的流亡也获得了好处"（同上，第182页)。拉法格从这些视角着手分析雨果的主要作品。拉法格认为,在《悲惨世界》中"最拙劣地"展示了作家的资产阶级本性,因为在这部小说中,雨果以中心形象展现了整个资产阶级社会的两个主要制度:警察制度(沙威的形象)和剥削制度(冉·阿让的形象)(同上,第186页)。

拉法格用类似的方式将自然主义派描述成某种社会经济形态的文学,这种体制形态就是大工业无产阶级出现在历史舞台上。按照拉法格的观点,爱弥尔·左拉(Эмиль Золя)的创作反映了无产阶级与资产阶级的矛盾冲突。拉法格将左拉作品中隐含含义与资产阶级利益挂钩。

马克思主义文学学对之后的文学阐释学和社会学发展产生了巨大影响,成为20世纪众多文学批评学派的方法论基础。

参考书目

马克思,恩格斯.论艺术(两卷本).莫斯科,1976.

梅林.美学选集(两卷本).莫斯科,1985.

梅林.莱辛传奇.莫斯科,2011.

拉法格.浪漫主义起源.维克多·雨果传,左拉的《金钱》.载于《文学批评论文集》,莫斯科,列宁格勒,1964.

丹纳.英国文学史序言.载于《19～20世纪国外美学和文学理论:论著、论文、短论》,莫斯科,1987.

丹纳.艺术哲学.莫斯科,1996.

伊格尔顿 T.马克思主义和文学批评.莫斯科,2009.

柯西科夫 Г.К.现代文学学和文学理论问题.载于《19～20世纪国外美学和文学理论:论著、论文、短论》,莫斯科,1987.

文学术语、概念百科.莫斯科,2001.

主题三　英美新批评:诗学复兴

英美新批评形成于20世纪初期,这一时期更凸显了人文学科尤其是文学学的危机(柯西科夫,1987,第22页)。19和20世纪之交,文学学危机首先体现在对待文学作品的态度上,与此前大部分批评方法论的看法都不同。我们发现,在此前的方法论中,作品不是独立的批评分析对象,而是再现各种文化现象的手段。因此,在圣伯夫的传记批评中,作品被视为作者心理的表达,而历史文化学派则将作品视为逝去年代的风尚表达,马克思主义批评认为作品是作者阶级意识形态的表达。似乎,施莱尔马赫将作品看作几个不同方面的总和:既是作者言语和作者心理感受支配的语义载体,又是受特殊方式支配的美学现象。但是,狄尔泰在与历史文化学派辩论中采用施莱尔马赫理论变体,重新将作品视为作者体验的表达形式。不过,施莱尔马赫认为,作者因素是批评家分析文本时的主要考虑对象。

英美文学新批评革新了对作品的观点。在与19世纪的阐释学和社会学产生的激烈冲突中,英美新批评复兴了诗学,在诗学这一批评范式中,作品被视为独立自主的美学对象。

英美新批评出现于20世纪头几十年的美国。在接下来的五十年中这种理论方法成为英美文学学的主流,也是高校开设的唯一的文学批评方法。这在一定程度上与其创立者们的教师身份有关:教师们将这一新批评直接应用于教学实践中。

英美新批评的代表者们联合起来以美国南部杂志《逃亡者》(*The Fugitive*)为阵地,借助于从现代资产阶级文明逃离的隐喻表达反对美国南部的工业化进程。这些代表者奋力保留南部地区的古朴风俗制度。他们忠实于传统习俗有其哲学依据,这与他们对完美艺术的追求相关,即艺术可以将脱离传统的现代人从最深重的灾难中解救出来,这种灾难就是"世界观的崩塌"。"世界观的崩塌"理论是文学新批评的哲学基础。《逃亡者》阵地的学者们借用了诗人艾略特(T. C. Элиот)的理论。

艾略特在《玄学派诗人》(1921)一文中将整体世界观理解为两个起因的共同存在、相互影响:感觉和思维。艾略特认为,在中世纪人们的意识中——其基础是基督教的世界观,感觉和思维是统一的。艾略特援引意大利诗人但丁作为例证:一个拥有精神-感性完整的世界观的伟大诗人。在但丁的诗歌中能够发现表达诗人全部世界观的句子,也即在其诗学语言中"思想演变为感觉"。艾略特还在后来伊丽莎白时代的人物中发现了这种完整类型的世界观,比如约翰·多恩(Джон Донн),能够"直接感受思想,就像感受玫瑰的香味一样"。但是从17世纪下半叶起,整体的世界观开始崩塌,"思维与感觉分离":18～19世纪向理性主义过渡,而19世纪向感性转变。艾略特认为,第一段时期是古典主义和崇尚理性的启蒙时期,而第二段时期则是崇尚感伤和浪漫主义时期。

以艾略特的理论观点为依据,《逃亡者》阵地的学者们认为完整世界观的崩塌对艺术而言是致命的危害,这种情况下批评能有助于形成一种克服感觉和思维撕裂的艺术。正因如此,早先(18和19世纪之交亚里士多德诗学转折期)被文学学否定的规范化和评价性又回归到新批评中。但是,新批评家们为诗人们推荐这一理论并不是旨在作品方面恢复亚里士多德准则,而是基于此情况,他们希望实现诗歌革新。此次改革的结果就是形成新的艺术,这种艺术可以成为完整世界观的体现形式和形成手段。

新批评是对19世纪文学学危机的反应,它展开了对先前文学批评流派的全面论战。新批评派的学者们主要针对以下三种以前文学学犯下的错误论争。

第一种错误——不能正确确定文学作品的本性。在新批评术语中,这些像"表达方式错误""释义歪曲"都是错误。第一种错误在于将文学作品视为两个组成元素：形式和内容。因此错把形式曲解为内容。同样,另一种则是错把内容当形式。在此基础上就出现了"释义歪曲"——错误地认为,作品的实质就是完全地复述作品内容。

和此类错误相对照,新批评则是把作品视为统一体,形式并不表达其内容,而是与内容融为一体。

第二种错误——主要与作品价值评定有关。1."沟通性谬论"（错误地认为,作品的价值在于它在传达某种含义）；2."情绪化错误认识",它认为作品价值与它们对读者产生的情感影响有关；3."实证主义谬论",它错误认为作品价值源于其相应反映现实的能力。

分析旧式文化批评的上述错误,让新批评家能捍卫文学作品的自身价值。新批评解释道,诗歌的价值在于传达某种含义,引起热情洋溢的响应或反映真正现实。诗歌的价值就在于它的存在。如新批评的领军人物约翰·克罗·兰色姆（Дж. К. Рэнсом）写的一样："诗歌作品就是有自身价值的审美对象,它拥有本体论的地位,即唯一对象客观存在的地位。"

第三种错误——是对作品文本外因素看得过高,即"对作者传记和写作意图错误认识""对起源信息的错误认识""批判相对主义的谬论"。这是指这样一些错误,比如,坚信必须研究作者经历和写作意图,研究作品各因素的来源、文学进程对其影响；坚信文本语义是多项的,语义的构拟取决于读者的主观性、取决于阅读文本时的具体情境。①

新批评把作品视为内部封闭、自给自足、独立的对象,这种观点和上述各种批评观点形成了对立。新批评认为,第一,作品独立于作者而存在：像被创造时就独立于珠宝匠而单独存在的胸针一样,在作者完成创作之时,作品就"独立出来并获得独立的生命和影响力,不

---

① 新批评派认为,"对起源信息的错误认识"属于文学的比较历史研究流派；"批判相对主义的谬论"属于印象派层面的批评,强调文本留给读者个性的印象。

依赖于作者的意图"(柯西科夫,1978,第22页)。第二,作品被看作独立于其他文本而存在。第三,作品被认为独立于读者而存在:新批评家们认为,作品完全独立于接受行为,仅仅要求"正确地解读"。

因此,在新批评的框架内,诗歌作品一方面被理解成一个结构复杂的"统一有机整体";另一方面也被认为是"有自身价值的审美对象",独立于其他审美对象,独立于作者和读者。这些论点在一系列新批评理论中找到理论支撑。接下来我们详述。

首先,这是诗学理论,其作者是新批评派的领军人物之一约翰·克罗·兰色姆。兰色姆在一篇论文中论述了这一理论,该论文的标题(《新批评》)成了整个流派的名称。这一理论认为:诗歌是与构成科学的知识截然不同的特殊形式知识。如果说科学只能给我们展示"被阉割的、贫瘠的、被简化的真实世界的复制品"(兰色姆,1987,第178页),只能让我们图示地认清世界的话,那么诗歌则展示了世界的完整性、统一性和其本真的起源。因此,诗歌以自己对世界的深刻理解超越了科学。兰色姆认为,诗歌作品本身所包含的特别知识不存在于其内容,而在其复杂的结构中。同时,诗歌作品的结构被解释成"逻辑结构"(英语界的译法为构架——本书译者注)和"自由独特表达手法"(英语界的译法为肌质——本书译者注)的牢固统一体。兰色姆写道:"诗歌作品是具有自由独特表达手法的开放逻辑结构。"(兰色姆,1987,第177页)诗歌的"逻辑结构"(或"语义结构")就是作品本身所包含的或可以用其他句子转述的语句。根据兰色姆的定义,这是"诗歌散文",是"自古存在的",是逻辑构造含义(兰色姆,1987,第178、181页)。诗歌"独特的表现手法"(或"语音结构")是它的潜台词,是逻辑上无序的"附加含义",不能被复述。诗格、节律和音韵形成了诗歌作品,也就是诗歌的节奏和语音方面。诗歌语言的这些方面被添加到命题中,正如兰色姆所写:"这些方面在本体论上是重要的。"这样,通过"语义"和"语音"两个方面结合的方式研究诗歌作品的结构,也就是说,形成命题、语境要素的结合可以表现诗歌创作传达的特殊知识。兰色姆新批评的主要任务是在诗歌作品中揭示这类知识。

其次，这是有机形式理论。有机形式理论是克林特·布鲁克斯（Клинт Брукс）和罗伯特·佩恩·沃伦（Роберт Пенн Уоррен）在合著作品《理解诗歌》(1938)中论述的，这一理论支持作品内在完整性和所有要素牢固结合的思想。布鲁克斯和沃伦的有机形式理念是受到柯勒律治（Кольридж）美学的影响形成的，他的关于莎士比亚的讲义于 20 世纪 30 年代在美国发表。柯勒律治的最主要思想之一就是将文学作品比作一个活的有机体，在这里所有部分都是相互从属、彼此不可分割、统一的。他称文学作品各要素相互联系为有机的完整性、活的有机体的完整性。新批评的有机形式理论坚持必须把作品看作一个有机系统，其所有要素都是相互依赖的关系。布鲁克斯在《反讽——一种结构原则》(1937)中写道："文学作品的单个要素之间并不像花束中的花一样的关系，而像开花植物的一部分，像同一棵树上不同枝条的花朵一样，需要冠、茎及不显眼的根部。"（引自《二十世纪西方文学学史》，第 290 页）

与此同时，作品的有机完整性在新批评中被解释为"它不是作者个人灵感臆想的产物，而是遵守艺术自身客观规律的结果"（柯西科夫，1987，第 22 页）。艾略特在《传统与个人才能》(1917)中论述了诗歌的非个人化理论，该理论致力于诗歌艺术领域现行的客观规律。艾略特坚持认为，除了作者个人意志，还有超个体的、非个人化的机制在艺术中起作用，同时，艾略特不把作者看作作品的绝对创作者，而把作者看作一种在自己创作中表现文学传统，而非表现个人风格的媒介。在这篇文章中艾略特写道："诗人的心灵实在是一种贮藏器，收藏着无数种感觉、词句、意象，搁在那儿，直等到能组成新化合物的各分子到齐了。"（艾略特，1987，第 174 页）因此艾略特认为，创作就是"不断牺牲自己、不断消灭自己的个性、不断去个人化"和服从传统的过程（同上，第 172 页）。正如柯西科夫所评论的那样，此处谈的是"作品有内容和形式要素，它们就能直接表达作者的想法和个人意愿，而有些要素（比如，文学作品的节律和韵脚规则、种类和体裁规律相关的要素，以及情节结构规则等要素）并不会在每一部新作品中出现，但却仿佛像传统一样传给作者"（柯西科夫，1987，第 22 页）。

同时，艾略特写道："越完美的诗人，越少感情用事。"（艾略特，1987，第173页）"诗不是放纵情感，而是逃避情感；诗不是表现个性，而是逃避个性。"（同上，第176页）

艾略特在《哈姆雷特及其问题》（1919）一文中论述了"客观对应物"理论，举实例具体化了"逃避情感"的情形。艾略特分析了莎士比亚的悲剧，他证实莎士比亚不是直接传递出哈姆雷特的绝望，而是运用了文学传统中固定的这种情感的"客观对应物"。《哈姆雷特》中的故事情节就是这样"客观对应物"——父亲被杀、母亲改嫁。在文学传统中，甚至在莎士比亚之前，它就被固定为一种表达绝望的形式。艾略特写道，莎士比亚通过再现传统情形，成功地使自己的主人公的感受模式化，而没有使用诗歌中"不适宜的"个人情感经验。

以上我们阐明了新批评的一些论断，如作品是结构统一体和有机的整体、诗歌艺术中存在非个人化的机制，它们决定了新批评方法论的性质。诸如揭示作品结构（按照上述对作品结构的理解）、在分析诗歌作品时主观要素的严格科学性和克制性、不考虑语境（即作者传记的语境、文化历史语境、认知的语境）等宗旨确定了新批评方法论的激情。兰色姆称这样的批评为"本体论批评"，即作品被视为具有本体地位的独立美学客体。在这样理解研究对象时，批评从关注"文学来源……转向文学本身客观存在（照艾略特的说法，是从关注诗人转向关注诗歌）"（柯西科夫，1987，第22页）。

本体论批评原则在"文本细读法"中得到具体运用，即分析阅读，在其框架内，没有一个形式组织的细节不在表达作品的总体含义。克林斯·布鲁克斯（《精致的瓮》，1947）分析了济慈（Китс）的《希腊古瓮颂》，我们以此为样板来看文本细读法。按照悖论原则，诗歌结构各个要素彼此相关，这一思想成为分析的基础。布鲁克斯认为，悖论是诗歌艺术的基本原则。诗歌作品中最不相容因素的矛盾组合是其多元性的源泉。例如，任何诗歌的词汇结构总是自相矛盾的，当一首诗歌文本里通用词语失去其字典含义时，诗歌文本中就会展开"无限的含义游戏"。在布鲁克斯开始研究济慈的颂诗时，他不仅关注悖论的用词法，还关注一系列其他悖论，特别是情节悖论。布鲁克斯注意到,济慈诗中没有生机的事物被描绘成了鲜活的:瓮被描绘成叙事的主体,而画在瓮表面的人物,就像活的真人。对这一悖论的重构和分析,使布鲁克斯坚持"唯一正确"地解读济慈颂诗(《美即真理,真理即美》)中的关键词和全文。

这样,新批评作为诗歌文本的分析法得以确立。然而后来,20世纪40~50年代新批评主要关注小说。对小说进行新批评的任务是分析叙事结构。其全套科学的分析方法主要由两类构成:视角和叙述形式。

珀西·拉伯克(Перси Лаббок)深入研究了"视角"范畴,他被认为是美国小说新批评的创始人。在《小说的艺术》(1921)中,拉伯克进一步发展了"视角"的学说,这一学说由亨利·詹姆斯(Генри Джеймс)在《小说的艺术》(1884)中首次提出,把叙述的出发点称为视角,拉伯克借用了这篇论文的题目。拉伯克首次描述了根据视角特点和透过这些视角形成的各种类型叙事。

一种是"图景"(或称"全景")叙述。这种叙述以讲述事件的形式建立起来,通过独白式视角实现。在这种情况下,叙述是从全知全能的作者角度进行,他凌驾于自己的主人公之上,并独白评价他们的行为。拉伯克认为,列夫·托尔斯泰(Л. Н. Толстой)、查尔斯·狄更斯(Ч. Диккенс)、威廉·萨克雷(У. Теккерей)及司汤达(Ф. Стендаль)倾心于这种类型的叙述。拉伯克评价这种类型的叙述是过时的,因为它充满主观因素,偏向情感重于思想,这类艺术形式,在其范围内经验的一个因素支配着另一个因素,它们只能加速世界观完整性的解体,因此是"不适宜的"。

另一种是"舞台性"(或"戏剧性")叙述。它主要是展示事件,而非简单讲述事件,通过吸纳各种视角的总和来实现。在这种情况下,作者类似剧作家:针对所描绘事件,不用直接的独白语,而是以自己人物的视角为基础建立叙事,不评价他们的言行,而是客观公正地再现。拉伯克在福楼拜(无人称小说的创始人)、詹姆斯·乔伊斯(Д. Джойс)、弗吉尼亚·伍尔芙(В. Вулф)的创作中寻找到了这种叙事方式。

我们将引用他对小说《战争与和平》的结构分析，作为拉伯克叙述材料分析的例证。在确定托尔斯泰的巨著《战争与和平》的叙述类型是图景叙述之后，拉伯克抱怨作者随意选择视角：在图景叙述中，应该是作者独白的视角，而托尔斯泰常常打破独白形式，有很多片段是透过某个人物的视角进行叙事的（比如，在奥斯特里茨战役的片段中，叙述就是通过安德烈公爵的视角进行的）。拉伯克写道，这部全景叙述类小说"同时混杂着多种视角"。因此，拉伯克认为，托尔斯泰小说的结构是不完整的、非本质的，这必然会妨碍读者掌握其内容。由于读者不了解小说的结构，那么其含义就被白白浪费了。此分析再次表现出我们上述所说新批评法对文本的评价性。

小说新批评研究的另一个重要类型是"叙述形式"，其创立者是约瑟夫·弗兰克（Джозеф Фрэнк）。在拉伯克和巴赫金思想的影响下，弗兰克区分出两种叙述形式：时间和空间。*时间叙述形式*就是指故事的事件按照时间逻辑来进行：时间叙述中的事件和冲突呈现线性方向发展，按照因果关系顺序来撰写事件。弗兰克认为，在 20 世纪，这种类型的叙事方式被空间叙事取代。空间叙事中，事件在同一个空间维度中呈现，此时接收者同时把舞台上的所有要素联系在一起。例如，弗兰克认为，在舞台空间中能更生动地展现福楼拜小说《包法利夫人》中的农业展览会情形。弗兰克认为，这种空间叙述形式将重心从因果逻辑转到思想内容的连贯表述上。

我们可以得出以下结论：新批评是形式美学方式的变体，它将作品视为具有复杂内部结构的独立审美对象，新批评努力揭示内部结构，将重心从背景分析解放出来。

参考书目

詹姆斯.小说的艺术.美国作家谈文学.莫斯科,1982.

兰色姆.新批评.载于《19~20世纪国外美学和文学理论:论著、论文、短论》,莫斯科,1987.

弗兰克.现代文学中的空间形式.载于《19~20世纪国外美学和文学理论:论著、论文、短论》,莫斯科,1987.

艾略特.传统与个人才能.载于《19~20世纪国外美学和文学理论:论著、论文、短论》,莫斯科,1987.

布鲁克斯.精致的瓮:结构诗学研究.纽约,1974.

伊利英 И. П. "新批评":进化史和现代状态.载于《70年代国外文学学》,莫斯科,1984.

科兹洛夫 С. 美学批评."新批评".载于《英美文学学》,莫斯科,2004.

柯西科夫 Г. К. 现代文学学和文学理论问题.载于《19~20世纪国外美学和文学理论:论著、论文、短论》,莫斯科,1987.

乌尔诺夫 Д. М. 英美新批评评价中的文学作品.莫斯科,2001.

楚尔坎诺娃 E. A. 美国新批评派的起源史和基本思想.载于《理论、流派、概念:艺术文本和现实语境》,莫斯科,1977.

楚尔坎诺娃 E. A. 长篇小说的"新批评".载于《美国文学》,莫斯科,1973.

主题四 20世纪上半叶阐释学的发展：古典理论框架下新的诠释流程

19世纪末阐释学遇到前面几章提及的危机，之后，进入20世纪的阐释学开始利用各种诠释手法充实自身。在此基础上，20世纪上半叶出现了阐释学的多种变体，譬如，心理分析批评、荣格批评和神话批评。这些流派依然保持着古典阐释学的鲜明特点：将作品理解为具有客观含义的现实，在心理分析批评、荣格批评和神话批评的范围内，作品被视为客观参与者的载体，但是想要捕获隐匿其中的内涵只能通过特别的解码程序。我们就来了解一下这些文学批评的变体。

§1. 心理分析阐释学

心理学分析创始人西格蒙德·弗洛伊德（Зигмунд Фрейд）奠定了文学心理分析的基础。弗洛伊德的艺术创作理论是他早先关于人类心理研究的必然延续。我们知道，按照弗洛伊德的观点，人类心理由三方面要素相互作用形成："自我"（ego）、"本我"（id）、"超我"（super-ego）。弗洛伊德将这里的"自我"解释为意识，"本我"——心理的无意识始端，"超我"——就是在文化修养准则影响下形成的心理部分。

弗洛伊德认为"自我"取决于"本我"和"超我"。"本我"潜藏着人类欲望，"超我"是文明的抑制，在此要求下，很多私欲都被认为违反了社会规则。也即"本我"要求满足各种私欲，而"超我"则通过良知和罪责心理机制来约束这种需求。"自我"的职责就是约束"本我"对私欲的需求，力图使其变成可以被文明所接受的事物。以此为基础，弗洛伊德认为，焦虑不安是源于"对文明约束的不满"——主要将对文明的感悟看作实现个人欲望和目的的障碍。

相应地，弗洛伊德认为无意识结构（"本我"结构）是由两方面欲望形成的，即最原始的和可取代的欲望。最原始的欲望，即人类最本源的欲望——性欲（性本能）和毁灭欲（死亡本能）。性欲遍布性表现在各个方面，毁灭欲是各种形态的侵略行为。不符合文化素养规则的（所谓情结）。排除在意识领域之外的欲望构成了可取代的欲望。弗洛伊德认为，俄狄浦斯情结在男性心理形成中具有极其重要的意义——从懵懂男孩儿成长为"嫉父恋母"的人，与父亲成为对立者。

弗洛伊德将*排他性*描述成"自我"受到双重压迫时使用的最基本防御机制。这种压迫：第一，来自文化约束；第二，达不到欲望的需求。除了上述被文化诟病的欲望，"自我"创伤也会被排挤到无意识中，意识无法担负这种创伤的感受。弗洛伊德认为，除了排他性，"自我"还使用了其他防御机制，尤其是像：升华（不同创作活动类型的欲望变化）和象征（用符号代替欲望对象，并把它转移到相应关系上）。

在分析确定了人类心理活动的防御机制的基础上，形成了艺术创作的心理分析理论。创作（"幻想"——弗洛伊德的术语）被弗洛伊德视为"不满足""不幸福"的人的心理活动的产物。在《作家和白日梦》中，弗洛伊德指出："一个幸福的人绝不会幻想，只有一个愿望未满足的人才会。"因此，按照弗洛伊德的观点，正是在幻想的过程中，艺术家们这些在现实中无法满足的愿望得以满足。所以，弗洛伊德把创作看成是一个过程，某些防御机制是这种过程的基础：或者是潜意识的情欲能量的升华作用，或者是用虚构、幻想的方式（象征）代替现实中得不到的对象，或者是取代隐秘的精神创伤抑或取代不被文化接受的欲望。

因此,弗洛伊德确定作者为"天才的神经过敏者",对升华作用和替代作用拥有特殊的能力:他就像一个"玩耍的孩子",用幻想代替游戏。在自我幻想的世界里,他可以弥补自己的不足或精神创伤,以此来逃避神经过敏症。所以,在心理分析批评的范围内,艺术作品被视为作者无意识地表现自己神经过敏的心理的一种方式。心理分析批评方法论的目标就是解释作者在作品中无意识地表达出来的内容。

诠释作品中隐藏的作者感受,这要用恢复作者秘密的生平经历来实现,这个经历是指他的创伤和情结。所以在弗洛伊德的批评创作中占主要地位的是生平特点的论著,在这些论著中作品被看作反映作者神经过敏症候的文件,是完全彻底由创作者不幸福的心理经历决定的产物。

著名的例证是弗洛伊德阐释学文章《陀思妥耶夫斯基与弑父者》(1925)。文章通过分析陀思妥耶夫斯基的癫痫症来实现对小说《卡拉马佐夫兄弟》的评注。从陀思妥耶夫斯基的发病中可以发现严重的神经症症状,弗洛伊德将小说内容确认为"对希望可恨父亲死去所做的自我惩罚"。弗洛伊德做出该结论是基于以下观察:陀思妥耶夫斯基的癫痫症在其父被杀后开始发作,如弗洛伊德所言,"尽管无法证明,但依然有理由认为"陀思妥耶夫斯基的癫痫症在西伯利亚服苦役期间停止发作。由此,弗洛伊德想到,在西伯利亚服苦役时,陀思妥耶夫斯基"接受了……父亲-沙皇对他的惩罚,以此作为因为他反对生父而应得的惩罚。他接受了他父亲的替代者沙皇的惩罚,而不是自己惩罚自己"(弗洛伊德,1995,第290页)。

在揭示出陀思妥耶夫斯基病症中的俄狄浦斯情结基础上,弗洛伊德开始分析作家固定的创作母题,即作家对罪犯"无穷无尽、超出同情界限的好感"。根据弗洛伊德的观点,对罪犯的好感"更像景仰":"对陀思妥耶夫斯基来说,一个罪犯几乎是一个救世主,他自己承担了本该由别人来承担的罪责。"因此,在弗洛伊德看来,陀思妥耶夫斯基的人道主义完全是出于他的神经症所引发的俄狄浦斯情结。

弗洛伊德的"变态人格心理学"阐释对象不仅仅是作者,还有文学作品中的主人公。著名的例子有《梦的解析》(1900)中关于哈姆雷特消极无为的论述。弗洛伊德指出莎士比亚主人公复仇迟缓的原因在于哈姆雷特具有俄狄浦斯情结。弗洛伊德认为,希望父亲死去的隐秘愿望使这位丹麦王子无意识中将自己与杀死老哈姆雷特的凶手等同起来,由此在心理上产生了强烈的罪恶感和明显的死亡倾向。

弗洛伊德阐释学对欧洲和美国文学研究产生巨大影响,形成文学作品阐释的独立新方法。同时,在与弗洛伊德心理分析辩论中形成一些新的、更深刻的创作诠释方法。其中,瑞士心理学分析大师荣格(K.-Г. Юнг)的学术理论对文学阐释学的发展产生了最深远的影响,他是弗洛伊德的弟子,后因与弗氏观点产生分歧而与其分道扬镳。

§2. 荣格的阐释学

在与弗洛伊德辩论中形成了荣格的创作理论。荣格将弗洛伊德的艺术理念解释为"对文化毁灭性的批判":从文化角度看,弗洛伊德的理论简直是"一派胡言,是性压抑的病态的结果"。荣格认为,心理分析作为文学学研究方法并不适用,主要是基于以下几点原因。

第一,心理分析把"病态扭曲的心理结构"作为自己的对象(荣格,1987,第217页)。但是,荣格认为"创作不是疾病",因此,创作需要的不是"医疗"性阐释,而是考虑到文学作品审美特性的阐释。因此,文学作品不能被看作精神受挫之征兆,而仅是"形象创作"(荣格,1987,第220～221页)。

第二,作者内心的奥秘并不能成为揭示作品内涵主旨的关键,因为,荣格认为,作品不是作者个人杜撰的结果,而是个体之上的现象。荣格将作品比作"活的生命体",它"生长于艺术家心底","就好像土壤中的大树,从根部汲取所需养分"(同上,第223页)。"作品的本质就是将人类和其生活状态视为养分来源,根据各项规则要求支配养分,塑造成自己希望的样子"(同上,第221页),"处于这些要素的动员者——我（艺术家）之上的还有这些准则，服务于自身需要"（荣格，1987，第223页）。因此，荣格认为，作品是被动的：作家不是作品的自由创作者，作家也受到创作限制，就像机体存在的组成部分，作家也只是创作的工具而已。

因此，荣格认为，文艺作品不是作者有意识活动的产物。此外，也不完全是由弗洛伊德分析指出的艺术家无意识的产物。它的根源需要在集体无意识的范围内寻找。

荣格在引入"集体无意识"概念的时候，区分了弗洛伊德发现的无意识的范畴，把"无意识"分为"个人"和"集体"两类。弗洛伊德所写的"个人无意识"概念是在纯粹的个人经验基础上形成的，储藏了创伤和文化不容许的种种欲望。集体无意识不是在个人经验上形成的，"从远古时代起……它就保存在大脑结构中，代代继承"（同上，第229页）。这是无意识中特别深的层次，它以"意象……的某种形式"积累了一般的人类经验（同上）。为了解释这一思想，荣格在他的一篇作品中将人类的灵魂比作一座多层建筑，早期奠定了基础，在随后的时期建造了这座高楼。人栖息在现代建筑的高楼层，并未料到整座建筑的地基是古时建造的（参见：苏罗娃，2001，第275页）。

荣格把集体无意识的单位称为原型，把它们和个人无意识的单位——情结相对照。这些原型出现在人类发展的最早阶段意识中，并在无意识中保留到今天。荣格论证了原型的以下特征。

1. 含义和价值的中立性：原型是一种没有内容的形式，是人类表征的空白模型，没有单一且有意义的内容。正如荣格所写，它们不是"善与恶"。没有一个具体的且固定的道德意义，人类生活过程中的原型可以充满任何内容。

2. "包罗万象性""无所不在性""超越时间性"：荣格认为，原型具有永恒的稳定性，因此它们以非凡的恒定性重复着存在各民族的神话中、存在精神病患者的妄想状态中、存在文学作品中。

荣格关于创作的理念就建立在原型的这一特征上，即原型是人类灵魂中简单的、先验的和包罗万象的元素。荣格认为，作品是原型的无意识复制，它"从无意识的深处生长"。艺术家由于对自己灵魂这一"古老"层面特别敏感,会在创作中再现原型,用独特的内容充实这些中立简单的模式。在艺术家的审美活动中,"集体无意识突破转入体验",固定自己的意象。

我们来看看荣格是如何分析乔伊斯的小说《尤利西斯》的,以此阐释上述思想。荣格有关《尤利西斯》的文章试图解释悖论,理解乔伊斯的小说要特别注意这一悖论。一方面,《尤利西斯》"侮辱了所有固定的阅读习惯","嘲笑"读者所有理解作品思想的企图,因此阅读作品不可避免地引起"令人不快的无聊"和愤恨。但是另一方面,小说获得非凡的人气。荣格如此解释这种悖论,即在《尤利西斯》中乔伊斯表达了"他那个时代无意识的心理存在","发现了他那个时代精神的秘密",这就是怀疑论、宗教虚无主义、心灵混乱。乔伊斯成功地用原型形式表达了自己时代的"精神秘密":他用了奥德修斯的神话模式,但把一个"新住户"放进了这模式(苏罗娃,2001,第268页)。但是布卢姆"不适合当奥德修斯"(同上)。通过布卢姆与荷马的主人公相区别,乔伊斯时代典型的集体心理的本质就显露出来了。荣格认为,它的独特之处是"神经质、混乱以及世界观的迷失"。

《尤利西斯》是作者有意识地运用神话模式。但是,即使在作品中没有明确提及原型形式的情况下,在荣格系统中也可以看出,作品是人类心理原型内容的符号表达,它不受作者意志的控制,无意识地表现出来。批评家努力地阐释其内容。

荣格的阐释学方法论是有关原型语义的解码,首先是文学意象,其次是情节。

让我们来谈谈荣格方法论的第一个方面。它是基于寻找角色形象的深层模式。荣格把这些古老的模式称为"人物原型"。它们象征着人类精神生活的不同方面,可以在文学作品中找到积极和消极的表示关系。我们下面列出这个系列的主要原型。

母亲原型。这个原型象征着人类精神中自身集体无意识以及它的起源,也就是它所属的最初产生起因。在文学作品中,这个原型体现在女神的形象中,以及柯罗诺斯神系的女性(摩伊拉、诺娜、帕耳卡等)形象中。此外,这一原型的表现形式为家庭、自己的家、家族形

象,这些形象在主人公的历史中既可以起到积极的作用,也可以起到消极的作用。例如,在冈察洛夫的小说《奥勃洛莫夫》中,这种原型的基础在奥布洛莫夫卡的形象中尤为明显。

荣格认为,儿童原型象征着人类精神生活中个人意识觉醒和个人精神从集体无意识中的分离。在文学中,这种原型表现为人物形象,这个人物是中心事件的承载者:主人公或反传统主人公。

人格原型(或面具原型)。这个原型象征着人格的虚假实现,即处于社会化过程中的一个人把自己等同于一个角色。在文学作品中,这个原型通常是中心主人公的孪生人物形象,他们模仿或者试图远离中心人物。例如在冈察洛夫的小说中,这个原型在圣彼得堡办事处的官员们的形象中得到了表达,奥勃洛莫夫离开了奥布洛莫夫卡,在这个办事处开始了自己的首都仕途,后来厌倦了工作和社会生活,又由此处逃离。

荣格所说的阴影原型象征着精神被替代的一部分,其内容在文化禁忌或其他理由的影响下,被从意识中移除到无意识的领域。阴影并不一定象征一个人邪恶黑暗的能力,阴影的存在也可以有正面性。例如,如果他生活在低于自己水平的环境,他本性的积极方面就会被压制,人格的良好开端就会变成阴影。冈察洛夫在奥勃洛莫夫的形象中对这种阴影有所描述:在奥勃洛莫夫的历史中,恰恰是好的品质被排挤到了有意识生活的边缘,"在有意识的时刻"他感觉到,就像"在一个坟墓里埋下了一个美好而明亮的开端"。在文学作品中,表现出阴影原型的角色通常是主人公的反对者。这或者是朋友和助手(《奥勃洛莫夫》中的施托尔茨),或者是主人公恶魔般的孪生人物(《浮士德》中的靡菲斯特)。

阿尼玛原型。它是男性无意识的元素,负责男性心中对女性的想象。荣格认为,这种原型在母亲的影响下充满了具体的内容。阿尼玛在男性历史中既有正面也有负面的作用。文学中正面的阿尼玛在女性形象中得到体现,这些女性形象契合了男性心中真正的价值观,为男性打开了通往自己内心世界的道路(《神曲》中的贝阿特丽切、《驴皮记》中的波林娜、《罪与罚》中的索尼娜·马尔梅拉陀娃、《红与黑》中的德·瑞那夫人)。相反,邪恶的阿尼玛在这些形象中有所体现,这些形象在主人公的历史中起着破坏性的作用:这些形象对他施加幻想,把他从现实中带走(《麦克白》中的女巫、梅里美小说中的卡门、《驴皮记》中的馥多拉、《红与黑》中的玛蒂尔达·德拉莫尔、童话中的公主、占卜的谜语——主人公生命的价值就是来解开这些谜语)。

阿尼姆斯原型。这个原型是女性无意识的元素,是女性心中的男性形象。阿尼姆斯基本上是女子受到父亲的影响而形成。在文学史上,正面的阿尼姆斯被女主人公内化为自己心仪的"白马王子"、女主心爱的被施魔法的未婚夫的形象,女主与之结合才会获得幸福(《简·爱》中的罗切斯特)。在小说《奥勃洛莫夫》中,奥尔加·伊利因斯卡娅的阿尼姆斯原型明显具有二重性,徘徊在奥勃洛莫夫与希托尔茨之间(前者是精神纯洁和温顺敦厚的化身,后者是力量与理智的化身)。负面的阿尼姆斯原型在女性的一些悲剧中出现,这样的阿尼姆斯常常以强盗、凶手、阴谋家等面目出现(蓝胡子、简·爱人生中的里弗斯先生)。

精神原型。在荣格的心理学分析体系中,精神原型象征人类高层次的精神综合——有意识和无意识的综合,也就是达到人格的最佳实现水准。在文学中,这个原型主要体现为智者形象,当主人公遇到危机时刻能提供援助。另外,这个原型确立了非凡的人物形象:救世主、国王、先知、领导者、圣徒。

因此,荣格对于民间创作、神话和文学形象的诠释策略就是揭示其原型的内容,而这又与人们精神生活某方面的形象体现相关。

我们再来探究作品情节方面的纵深解析方法。本方法建立在荣格人类精神心理分析理论基础上。荣格认为,心理状态并非是稳定的、一成不变的,而是动态发展的,处于有意识和无意识的激烈较量中。一方面,有意识和无意识处于紧张的对峙中;另一方面,心理状态趋向于消解内在冲突,到达有意识和无意识的和谐。通过两种机制来修正这两者之间的关系。第一种机制来自弗洛伊德理论中的抑制,就是把有意识领域中不合心愿的心理因素消除到无意识领域。

第二种机制是一体化，与第一种机制相反，就是将某些无意识因素囊括进有意识因素中，将其认定为心理状态的一部分。正是荣格提出这个机制，将其命名为"与原型相识"。

与原型相识的结果可能不尽相同。正面的形式假设认为，独立个体将原型视为自身无意识的一个元素。在这种情况下，这种形式就会与原型划清界限，原型就会失去对人类精神的控制。当消极形式发生时，与原型没有划清界限，相反，人类就会把自己和这种形式等同并受其控制。

意识和无意识之间的调节过程，以及一个人对自己本质的认识，荣格称之为个体化。个体化有几个必要阶段，在每个阶段都会遇到一些集体无意识的原型，把它融入精神中，之后——或与原型拉开距离，或与原型保持一致。我们下面更详细地来探究个体化过程。我们还记得，荣格用孩子原型象征个体意识的觉醒。孩子从家庭管束（即荣格系统中的集体无意识）解脱的过程开始慢慢形成自我，在个体化过程中会经历以下几个阶段。

第一阶段——来自社会生活的考验，文明的考验。在这个阶段，会与人格原型（面具）相遇。在负面形式下，一个人将自己与人格角色等同起来：他会接受预先设定的社会角色，服从于社会生活中的准则。在这种情况下，原型被转移到无意识的领域，个体化的进程被中断。

当这个个体化进程顺利进展时，反过来，人们会认为人格角色是个体化进程的一个必要阶段，而不会把自己与实际社会背景所施加给自己的社会功能混为一谈。个体与人格原型存在差距，认可这种差距是个体心理的一部分，是走向个体化新阶段不可或缺的条件。

第二阶段——是自我认知的考验，就是与自己的影子相遇并将它融入自己的心理。随着消极进程的发展，出现与影子原型的融合，随后将其转到无意识的范围内：人们被自己的阴影震惊，拒绝接受这个个体化部分。痛苦的道德抑制，反过来中断了个体化进程。

在选择积极一面的情况下，影子被认为是个体的一部分，并且也是有别于个体的：通过理解和接受阴影作为个体心理的单独元素，个体将自己与原型区别开,这是个体化继续的关键所在。

第三阶段——与阿尼玛或者阿尼姆斯相识,也就是经历爱情考验。人们做出消极选择时,会遵照自身无意识状态理念与他人建立关系,却没有预料到这种理念是有条件的、相对的。认同阿尼玛(或者阿尼姆斯)原型:服从原型,个体受制于幻想,将想象的事物视为现实,尽可能与那些具有理想伴侣特质的人在一起,基于此,个体化进程——独立个体的自我实现过程——发生中断。

在积极过程中,人将原型理解为自己的心理结构,这种心理结构确定了原型一系列特质、反应、幻想和行为,就会对伴侣加以选择和与之交往的过程中相互影响。要清楚一点,阿尼姆斯(或阿尼玛)原型在人们内心世界意味着什么,一个人对其心爱的人能保持清醒,并与原型保持距离,才能进入个体化的下一个阶段。

第四阶段——与精神原型结识并将其融入意识。这是知识测验阶段。在消极应对时,会出现与原型认同的情况:人们会出现这样的想法,自己拥有大量丰富的生活知识。荣格认为,对精神原型的认同是个体化的必然阶段,在积极发展的过程中必然要克服的阶段。在这样一个选择(与精神分离)前提条件下,无意识失去了对人的控制,内心的有意识和无意识达到和谐,人就获得了自我。荣格认为,自我是个体化过程的目标。这意味着心理状态的完整性、意识与无意识的统一,它们之间的冲突消解,从而最终达到个体自我实现最佳的状态。

荣格认为,个体化组成文学叙事的深层情节:按照荣格的观点,总是有一个与人类自我实现情节相关联的普遍原型矩阵是主人公历史的基础。

为了展示该理论的方法论优渥之处,我们用它来深入解释冈察洛夫的小说《奥勃洛莫夫》的情节。在荣格的方法论框架下,显而易见的是,个体化过程中的儿童原型在奥勃洛莫夫形象中得以实现。奥勃洛莫夫离开奥勃洛莫夫卡并供职于彼得堡便开始了他的个体化进程。按照荣格的理论策略,在奥勃洛莫夫生平中的这段插曲应该视为主人公与人格原型的相遇阶段。奥勃洛莫夫试图扮演某个社会角色,但是好在他明白,官员的活动与他本人的个性不吻合("何时活着?")。离开这个岗位,他就偏离了这个人格角色。

　　个体化的下一个阶段——主人公与阴影的相识——在小说第八章的末尾,此处描绘了奥勃洛莫夫一生中"觉悟性时刻",他思考着自身"道德发展停顿"的原因。但是,在经历了痛苦的羞愧感后,奥勃洛莫夫睡着了,进入有关奥勃洛莫夫卡的甜梦中(第九章)。在梦中,与阴影相遇所产生的羞耻感被转移,个人历史的阶段短暂回归到集体无意识在心中占主导地位,而个人意识依然缺乏。个体化不会止步——因为施托尔茨和奥尔加·伊利因斯卡娅试图从阴影中挽救奥勃洛莫夫的积极品质。然而,奥勃洛莫夫对奥尔加的爱,以决裂告终,按照荣格的方法论,很容易使人联想到是因为奥尔加与奥勃洛莫夫心中的阿尼玛原型不符合,这个原型的形象和他的慈母相似。奥勃洛莫夫与阿加菲亚·普希尼钦娜的结合象征着与阿尼玛原型的相遇,她在小说中公然成为奥勃洛莫夫母亲的替代,与阿加菲亚·普希尼钦娜的婚姻显然意味着对阿尼玛原型的认同,以及奥勃洛莫夫必然地回到个体化开始之前的状态。因此,在荣格的阐释学范围内,冈察洛夫的小说可以被理解为:由于陈腐环境的影响,主人公未能完成个体化进程的悲剧故事。

　　荣格将本体的成就与个人非凡特质的内在活动联系起来后,他注意到,在文学中对本体的描述是罕见的。我们完全可以援引下面的文学人物形象,作为文学掌握本体的例子:巴扎罗夫(在去世时)、于连·索雷尔(在囚禁期间和法庭上)、塔季扬娜·拉林娜(在拒绝奥涅金时,"她已经深谙一切")。文学作品中的这些人物都生活在自欺中,拒绝幻想,对自己人生的下一步有意做出决定。

　　描述文学个性化中具体展现的那些原型形式时,荣格确定了原型—变体。在这些通用的情节元素中,加入人物与某些原型的碰撞,这就是原型事件、局势或冲突。与阴影的相遇可以通过像——路的消失、突变、旅程、与龙的战斗等等这样的原型—变体来展现。与阿尼玛(或阿尼姆斯)的相遇往往在文学中被描述为主人公参与比赛、迫使主人公揭开谜底、打破禁令等。荣格认为,在文学中,主人公获得本体,常常体现在婚礼情节中,其深刻的象征意义是有意识与无意识之间关系的协调。

荣格的方法论虽受到了直觉主义的谴责和应用限制(这里只涉及有故事情节的作品),但它对后来文学阐释学的发展,特别是对神话批判理论的形成产生了巨大的影响。

§3. 神话批评的阐释学

神话批评的理论基础是神话与文学之间的起源联系思想。在该思想的范围内,古代神话被视为所有后来文学艺术的直接根源:其内容和结构元素被视为作品的"建筑原料",对它们的解读成为破译作品深层含义的主要手段。

神话批评起源于不列颠文学研究。随着英国神话批评的发展,神话批评方法论逐渐形成,并分成两个阶段(参见:科兹洛夫,2004)。

第一阶段与剑桥大学形成的所谓仪式学派活动有关。这一学派的创始人是詹姆斯·弗雷泽(Джеймс Фрейзер)的追随者。弗雷泽是一位英国人类学家,他提出神话的来源是巫术。

在十二卷巨著《金枝》(1890~1915)中,弗雷泽将仪式描述为原始文化的典型现象。原始人相信是强大的自然之力统治着世界,可以借助于巫术来影响自然力量。弗雷泽指出,在这种情况下,巫术总是模仿人们期望的结果:希望敌人死去,巫师就损伤他的画像,或者希望女人成功分娩,他就模仿分娩过程。因此,弗雷泽把巫术阐释为期望事件的剧本。根据弗雷泽的理念,神话从仪式中诞生。当仪式用语言的形式予以强化时,就产生了神话。因此,弗雷泽认为神话是仪式的口头表达。

弗雷泽认定季节性(历法)仪式对于神话的形成具有重要意义,使得大自然具备生命周期,即秋季植被枯萎和春季万物复苏。根据弗雷泽的说法,这些仪式通过死神和复活神的神话故事表达出来。

弗雷泽将这种体现自然循环的诸神故事，展现在各种民族的神话传说中，不断地解读这些神话，把神话作为历法仪式的口头形式强化。例如，在希腊神话中是狄奥尼索斯，在斯堪的纳维亚神话中是巴利杜尔，在埃及神话中是奥西里斯，在《圣经》中是基督。

若弗雷泽从仪式中推断出神话，那么他的追随者——剑桥评论家们——从仪式推断出所有其他的人类精神活动的形式，如宗教、哲学、艺术，尤其是文学。礼仪批评理论中的文学起源可以表述为以下简图：

仪式──→神话──→文学作品

我们来解释一下：从仪式中衍生出神话，而神话中某些元素再被转引到文学中，成为它的素材。因此，神话在仪式与文学之间担起中介作用。后来出现在文学中的这些神话元素，仪式主义者称之为"神话题材成分"（мифологема）概念，指的是神话形象、神话情节、神话母题、神话主题。

按照这个概念，仪式批评的主要方法论原则是揭示作品的仪式基础。

我们来举一些例子。吉尔伯特·穆瑞（Гилберт Мерей）在《英雄史诗的形成》（1907）中研究荷马的《伊利亚特》，揭示了一些情节的仪式来源。所以，抢走叶莲娜来源于掠走新娘的婚礼仪式，阿喀琉斯的死亡和哀悼被理解为展现植被枯萎的季节仪式再现。在他的另一部有代表性的仪式批评著述——《哈姆雷特和俄瑞斯忒斯》（1914）中，赎罪的牺牲仪式被证明是希腊悲剧和莎士比亚悲剧情节的原始基础。

在杰西·韦斯顿（Джесси Уэстон）《从仪式到小说》（1920）的著述中，仪式研究的对象是宫廷骑士小说，特别是关于圣杯的小说。在反驳中世纪小说源于基督圣杯（耶稣受难后用于收集其血液）传说的普遍看法时，韦斯顿认为这是基于古老的成年仪式传统，这种仪式传统直接与对死神和复活神的崇拜相关。

莫·叶·梅列津斯基（М. Е. Мелетинский）认为，仪式方法论的明显弱点在于它依赖于未被证实的论点：神话起源于仪式，任何文学作品都有仪式基础。被科学证实的仪式存在是戏剧的基础,尤其是悲剧体裁的基础。众所周知,悲剧是从季节仪式中衍生出来的,与狄奥尼索斯神的庆祝活动相关,主要用一只山羊作为献祭。

仪式派学者认为自身方法论的薄弱之处就是无法仔细考究古代仪式和神话如何转变成一系列文学作品元素的。按照弗雷泽的观点,研究者们将这视为仪式转化为神话(理解为仪式获得口头形式),那么某些神话元素的再现机制在随后的文学中却仍不清楚。英国神话批评家对荣格概念的关注有助于这个问题的解决,更具体地说,荣格认为,存在着原型——负责传递祖辈经验的普遍心理结构。按照荣格的说法,艺术家不自觉地从集体无意识中抽取原型,再用原创内容来填充这些空白形式。根据荣格所述的原型在神话中直接表现思想,仪式派学者将荣格的原型与神话的意象、神话题材成分等同起来。

基于仪式批评的对原型理论的关注,形成英国神话批评的荣格分支。该分支形成于英国神话批评发展的第二个阶段。该分支认为,文学作品的起源更正如下:由言语固定下来的仪式演变成神话,神话将原型转化成集体无意识,艺术家们不自觉地在作品中再现这些原型。该理念如下示意图所示:

仪式————→神话————→集体无意识————→文学作品

按照这个理论思想,英国神话批评的方法论原则也做出一定变更:自 20 世纪 30 年代以来,英国神话批评不再致力于寻找作品的仪式基础,而是探寻作品中的神话原型。

荣格英国批评的主要人物——莫德·博德金(Мод Бодкин)(《诗中的原型模式》,1934)。作为第一专业是心理学的学者,博德金研究蕴含某些情绪的诗歌意象。她发现不同诗人(包括《圣经》的编写者)使用相同的隐喻来表达同样的心理状态,她得出的结论是,这些固定重复的意象就是原型——诗人无意识地在其作品中使用的通用模式。根据这个假定,博德金创造了"文学原型的第一个重要类型"(梅列津斯基,1995)。

第一,博德金在对福音书中形象和英国浪漫主义诗人塞缪尔·

柯勒律治的《老水手》一诗中的意象进行比较分析的基础上,区分出地狱和天堂的原型。在比较研究过程中,这位研究者发现,为了描述相同的人类经历,两个文本都使用了相同的隐喻。所以,在这两个文本中都用阴暗的洞穴和峡谷意象来象征故事情节中人物的失误或者失败;而这两种文本中都用盛开的花园和山的意象表示成功圆满的结果。博德金称第一个意象体系为地狱原型,而第二个意象体系则是天堂原型。

第二,博德金还区分了上帝、魔鬼和英雄的原型。她发现,在文学中,象征着最高阶层或权威的人物总是被塑造成类似的形象,这种形象被博德金称为上帝原型。博德金很容易辨认出这样的人物形象,例如宙斯、查理大帝或亚瑟王形象。象征混沌力量的魔鬼原型在文学中扮演邪恶的形象,博德金认为,英雄的原型是指那些在善与恶之间摆动的人,或者与最高统治阶层力量(例如,雪莱笔下的普罗米修斯)发生冲突的人。

荣格神话批评解决的第二个方法论问题是*找寻单一神话*(мономиф)*的问题*。单一神话是原始神话,从神话批评视角看,它是所有文学的基础。我们知道,荣格认为,文学的普遍内容与无意识再现个体化进程有关。荣格的英国追随者们——这些单一神话理论家们,都试图找出文学的某个原始神话起源。

因此,弗朗西斯·拉格伦(Френсис Рэглан)认为弗雷泽发现的不同民族神话中关于死神和复活神神话(《主人公:传统、神话和戏剧研究》,1936)是后来文学的主要起源。在另一个神话评论家科林·斯蒂尔(Колин Стил)的版本中,评论家认为,作品中主人公的精神崩溃和重整旗鼓,与季节神灵的死亡和复活没有关系,而是与福音神话相关,他在与弗雷泽的论战中拒绝把福音神话归入历法神话(《永恒主题》,1936)。

单一神话理论是在罗伯特·格雷夫斯(Роберт Грейвс)的《白色女神》(1948)一书中提出的。在格雷夫斯的理论框架中,太阳与月亮对立的情节构成了最初始的神话。这个神话在文学作品里男性之源与女性之源的对立中得到反映。格雷夫斯将男性之源与女性之源视为世界人类文化的原型。他认为,"男性"原型象征着理性之源,产生于太阳神阿波罗的崇拜仪式中;"女性"原型象征着感性、非理性、诗性之源,产生于月亮女神的崇拜仪式中。按照格雷夫斯的观点,两类原型之间的冲突决定了整个欧洲文学的发展。因此,中世纪以月亮神话语言为基础的诗歌占主导地位,这是游吟抒情诗人创造的诗歌,格雷夫斯认为它起源于月亮女神的崇拜仪式。17~18世纪,太阳神话进入文学领域。太阳神话在古典主义和启蒙时代的艺术领域表现为崇尚理性主义。月亮神话重返浪漫主义文学生动地体现在隐秘主题的浪漫主义诗歌中。

20世纪的神话批评理论研究成就斐然、硕果累累,其中值得一提的是加拿大语文学家诺思罗普·弗莱(Нортроп Фрай)的研究。弗莱的著作《批评的解剖》(1957)对于随之而来的阐释学的发展产生了重要影响[对此详细分析参见梅列津斯基的著作(梅列津斯基,1995,第109~121页)]。

莫德·博德金在其学术文章中引用了弗莱的核心理论思想,认为文学是系列原型模式构成的系统。按照弗莱的观点,作者不是独特形象的创造者,他只是无意识地重塑了始于古老神话、自古以来反复使用的"通用的模式",弗莱将这些通用的模式等同于原型。这样,文学就是类似于以原型为单位的语言系统。弗莱认为,所有的文学作品都是借助同一些原型形象和模式创作的,恰如"英国文学都是用同一种英语创作的"。

鉴于此,弗莱认为文学批评的任务就是对作为整体文学基础的原型模式的揭示、描写及系统化。这种系统化是以弗雷泽关于季节仪式是神话起源的学说为基础的。弗莱借用弗雷泽的思想——认为四季循环,每一个季节都对应着具体的仪式,弗莱认为,从中不仅推衍出神话,还有文学的原型形式:情节、主题、体裁。下面我们来分析弗莱将一年四季(季节循环的阶段)与各种文学形式之间联系的逻辑。

季节循环的第一阶段——春季。春季仪式展现的是植物生长,象征万物复苏。弗莱认为,从这一仪式中,衍生了宇宙起源神话、病源神话以及主人公诞生神话。这些神话情节中一定会有诸如父亲、母亲和主人公这样的人物形象。按照弗莱的观点,这些神话奠定了像古希腊酒神颂歌及惊险小说等类型体裁的原型基础。弗莱将后者直接称为"春天的神话"。

夏季仪式展现的是植物开花结果,象征"生命绽放",是主人公游记、婚礼、天堂游记、主人公获得宗教礼仪知识或神奇宝物等神话情节的来源。这类情节作品中的人物常常是主人公、他的同行者,还有他的未婚妻。弗莱认为,从这些神话中产生了田园诗、喜剧——"夏天的神话"。

秋季仪式展现的是植物枯萎,象征万物衰落。这主要体现在关于神濒临死亡和主人公被放逐的神话中。这些神话里反复出现的人物有——叛徒、男性或女性诱惑者。弗莱认为,从这些神话中推衍出了这样的体裁,如哀诗和悲剧——"秋天的神话"。

冬季仪式展现的是植物凋零,象征万物衰亡,是诸如关于神、主人公死亡,黑暗力量笼罩、混沌状态卷土重来的末世神话的来源。这些神话中出现的是妖怪和恶魔。弗莱将这类神话视为讽刺文学的原型——"冬天的神话"。

弗莱根据季节周期的情节构想,分析莎士比亚的"十四行诗"。我们引述 A.科兹洛夫对弗莱阐释的书评:"(十四行诗的)抒情主人公被弗莱视为垂死之神,其力量传递给年轻的继承者。一个垂死的主人公和秋冬联系在一起,而年轻的主人公和春天联系在一起。从第一到第九十七首十四行诗,参照弗莱的构想,莎士比亚描绘人类从出生到死亡的生活场景(一个完整的自然周期),然后便响起复活的声音(开始第二个周期循环)。"(科兹洛夫,2004,第 132 页)

在研究季节理论时弗莱注意到,由四季循环神话衍生出一个共同的叙述:主人公外出追寻历险的故事("追寻神话")。与此同时,季节性神话被视作这个追寻故事的元素:春天的神话讲述主人公诞生的故事,夏天的神话是关于他旅行的故事,秋天的神话描写他一生遭遇的悲剧事件及不可克服的磨炼,冬天的神话则是叙述其死亡。弗莱认为追寻神话就是"单一神话",是推动文学不断发展的最初源头

(初始神话)。

按照弗莱的构想,统一的最初追寻神话的元素来源于季节仪式,而某些文学体裁和其他的文学形式和元素则来源于季节仪式的个别片段。因此,弗莱把追寻神话等同于促进文学发展的"生物细胞"。

弗莱特别关注文学形象性的起源问题。下面我们来看看他的理论中关于这一问题的部分。

弗莱认为,作者在叙事作品中无意识再现的追寻神话,呈现的可能是喜剧,也可能是悲剧。这一初始神话的喜剧呈现意味着主人公达到了预期的效果,而悲剧则是主人公的失败和(或)死亡。在同类型的追寻神话作品中形象性都是相同的:作者运用相同的形象,实现初始神话的某种(喜剧或悲剧)的呈现。因此,在喜剧作品中,"运作着"友谊、爱情、秩序等形象,而主人公则是身心和谐统一的载体,众神也是类人的外貌,全文弥漫着田园美好的形象性。

相反,在初始神话的悲剧作品中"魔鬼"形象占据主要位置:人类世界风雨飘摇,混乱不堪,众神与人类处于敌对状态;如果笔者借用动物的形象,那么,通常是可怖的猛兽(龙、虎、狼、蛇、蜘蛛、蝎子),而植物的形象便是恐怖的森林或沙漠等。因此,弗莱把文学解读为一种具有原型特点,由作者无意识再现的通用形象系统。

除了对以文学为基础的原型形式进行系统化总结,弗莱还提出了文学历史发展的独创性概念。他认为,"真正的""全面的""纯粹的"文学史是其内在的历史,即文学形式的历史,与时代的历史内容并无关系。按照这一思想,弗莱以主人公"行动的力量"为标准,划分出五种文学模式,亚里士多德在《诗学》一书中把"行动的力量"定义为超过、低于或接近普通人的能力(弗莱,1987,第232页)。不同历史时期的文学模式都有其主导的体裁、主题和情节。因此,第一种文学模式(神话)中主人公是"超出人类"的神,"关于神的故事就是一般意义的神话,即关于神的叙述"(同上,第232页)。

文学的"浪漫模式"描写的是在某种程度上"超越人与环境"的主人公:"他的事迹非常传奇,但他本身又被刻画为人。"(同上,第233页)主人公高尚的伟绩通常只在传说、神话和英雄史诗中出现。

第三种模式文学（弗莱在术语中称其为"高模仿"文学）作品的主人公是一种超越他人，但又依赖于世俗的英雄，他虽然没有异乎寻常的特点，但却拥有"优于他人的权势、激情和表现力"（弗莱，1987，第233页）。这是悲剧和史诗中的主人公。

文学发展的第四种模式是以喜剧和现实主义小说等体裁为代表的"低模仿"文学，其主人公就是"典型的普通人"。

而文学发展的第五种模式则是"讽刺或者反讽"，弗莱将其同现代主义联系在一起。此类文学的主要人物"在力量和智慧上不如普通人，因此，我们会深刻地感知他们的禁锢束缚、失败挫折和荒谬的存在"（同上，第233页）。弗莱认为，在20世纪的文学中对现实的讽刺描绘不断增强，这种趋势又演变为传说和神话的回归。首先是神话模式的复兴。这让弗莱坚信，文学形式的发展是循环的，具有一定的周期。而且，弗莱指的不仅是作者有意识创作的神话作品（如乔伊斯的《尤利西斯》）。他认为，"神话代码"一定存在于当代作品本身，不以作者的意志为转移，而是"讽刺回归神话"这种文学发展客观规律作用的结果。弗莱通过以下证据说明现代主义文学与神话的融合：与主人公相关事件的描述，"与主人公性格特点没有因果关系的因素"、"绝对的客观性和拒绝任何公开的道德评判"（同上，第240、239页）。

与此同时，弗莱把文学批评的特殊任务（与描述、系统化原型形式的任务一致）与*解读文学作品隐藏的神话内容*联系起来。弗莱在《伟大的代码：圣经和文学》（1981）一书中，对19～20世纪英国文学里《圣经》引用和用典进行了分析，这正是弗莱完成的文学批评的特殊任务。而《批评的解剖》一书也提供了此类解读的样本。例如，弗莱把卡夫卡的作品视为"约伯传中引入现代悲剧人物（'小人物'，艺术家、'具有卓别林精神的悲伤小丑'）并进行系列评述"（同上，第241页）。

柯西科夫明确指出了神话批评方法的不足之处。这是"刻意低估艺术中的个人本性，将之归为普遍的、可以重复的……神话学的简化主义主要是忽略了这样一个明显的事实：任何超越个体的符号和超历史的原型只能是艺术的'语言'写就,而不是直接的、有目的的'言语'写就,不管如何评判,忽略具体的作者以及其内心世界、意识和意志力,作品是不可能诞生的,而且作品诞生的直接和基本动机不是超时间、无意识为自己寻到出路,而是作者有意提出现代性问题和思索周围的现实"(柯西科夫,1987,第26页)。

参考书目

弗莱.批评的解剖(第一随笔).历史批评:论式理论.载于《19～20世纪国外美学和文学理论:论著、论文、短论》(Г.К.柯西科夫编著并做序言).莫斯科,1987.

弗莱.批评的路径.伟大的代码:圣经与文学.载于《文学问题》,莫斯科,1991,No.9/10.

弗洛伊德.俄狄浦斯王和哈姆雷特.可怕的事.艺术家和幻想.达·芬奇童年的回忆.陀思妥耶夫斯基与弑父者.文化的困境.首饰匣选择的动机.载于弗洛伊德《艺术家和幻想》,莫斯科,1995.

弗雷泽.金枝(任意版本).

荣格.分析心理学对待诗学艺术创作的态度.载于《19～20世纪国外美学和文学理论:论著、论文、短论》,莫斯科,1987.

荣格.心理学和诗学创作.载于《20世纪欧洲文化的自我认知》,莫斯科,1991.

弗莱.批评的解剖.普林斯顿,1957.

阿韦林采夫 С.С.荣格的分析心理学和创作想象的规律性.载于《关于现代资产阶级美学》(第3辑),莫斯科,1972.或《文学问题》1970,第3期.

魏曼 P.文学史和神话学.莫斯科,1975.

科兹洛夫 A.C.美国文学学中的神话流派.莫斯科,1984.

科兹洛夫 A.C.英美文学学.莫斯科,2004.

梅列津斯基 E.M.神话的诗学.莫斯科,1995.

梅列津斯基 E.M.西方神话理论.载于《哲学问题》1971,第7期.

斯塔罗宾斯基 Ж.心理分析和文学认知.载于斯塔罗宾斯基 Ж.

《诗歌和知识:文学和文化历史(第 1 卷)》,莫斯科,2002.

苏罗娃 O. Ю. 现代派文化中的人. 载于《2000 年的国外文学》,莫斯科,2001.

主题五　20 世纪下半叶阐释学的发展：诠释客体与诠释情境的新观点

在所有上述阐释学理论框架内，作品被普遍理解为客观上固有的某种深层含义的载体。因此，如果说弗洛伊德把文学作品的深层内容归为超出作者意志，又在作品中实现的作者特殊心理因素的话；那么，荣格和神话批评阐释学则把作品的解读与理解作者身份分离开，把作品视为一种非个人现象，其深层语义可以在作者身份之外得以揭示。

之后的阐释学不仅完全脱离了对作者身份的关注，而且对作品进行了全新诠释，与之前的阐释学就以下问题进行了争论：关于作品是否客观存在某种可以理性解码的深层含义。这一论战是由海德格尔和伽达默尔发起的。

§1. 海德格尔的本体论阐释学

海德格尔拒绝将文学视为作者的个性表达，而是将文学视为"存在真理"的表达。根据海德格尔的观点，文学作品应当是研究的独特对象，海德格尔将之称为"*阐释学方法*"，并将其与"*形而上学的*"方法对立起来。海德格尔认为"形而上学"方法是对艺术作品科学的、理性而富有逻辑的研究。始于浪漫主义阐释学的先前阐释学就是倾向于这种方法论。提请注意的是，尽管在浪漫主义阐释学创始人施莱尔马赫的理论体系中论证了阐释学家的直觉具有重要意义,但他依然认为阐释就是理性准则的实施,其中最主要的准则被命名为"诠释循环"。狄尔泰的确拒绝了诠释中的理性分析环节,他尽可能地依赖于直觉。然而,20世纪阐释学整体是科学中心论的,心理分析、荣格主义和神话批评都认为自己是纯正的科学批评形式,旨在完全阐明客观结果。因此,在海德格尔独创术语的框架下,这些批评方式被视为"形而上学"解读艺术作品的变体。

海德格尔持续推进阐释学和"形而上学"相对抗的思想,把"物质"称为"形而上学"的对象。海德格尔把"物质"视为现实的内容,这完全受到科学认知的影响。

阐释学方法主要针对"存在"。在《存在与时间》(1927)一书中,海德格尔将存在定义为神秘的、隐藏的现实内容,人们只能通过体验层面而不是认知层面才能获得对它的理解:存在不属于理性解释,也不属于科学研究。同时,根据海德格尔的观点,现代欧洲人已经失去了体验事物神秘内涵的能力,"为了物质而忘却存在"。丢掉对现实神秘性的尊重,反过来又对它进行理性研究——目的是为了用一种可理解的方式来表达,并"一切围绕人类自身的利益为主"(柯西科夫,1989,第27页)。根据海德格尔的说法,这种欧洲思想蕴含着一种危险性,它会朝着精神生活慢慢丧失的方向发展。因此,海德格尔写道,要"回归存在",也即要恢复人们体验现实的能力,把握其外在和隐藏的内容。这就是海德格尔所提出的本体论阐释学——存在阐释学。将本体论诠释学与对现实理性认知进行比较时,海德格尔把存在阐释学视为一种直觉的理解方法,而不是间接的分析和反思。无怪乎海德格尔将自己的方法称作存在的"询问"和"谛听"。

根据海德格尔的看法,语言、文字以及文学作品都被"存储"于存在领域中。按照海德格尔的著名言论,语言是"存在的家园",是"存在的储存库",是"全人类文化的栖息地"。因此,海德格尔把文学作品定义为"存在的讯息",是"真实存在的稳定形象"。

基于对作品的此番认知,在海德格尔的哲学著作中,形成了关于创作行为的独特理论。在这一理论框架内,作品中的语言被赋予主要作用:按照海德格尔的说法,在创作中是语言而不是作者意志在"统领全局"。因此,作者被赋予了"语言工具"的角色。海德格尔认为,语言将"存在讯息"带给作家,作家在创作的过程中将这一讯息的面貌展现出来。因此,海德格尔将诗人定义为"客观存在的信使"、客观存在的"牧师"(牧人)和其"守护者":他看管着"真实存在",倾听其心声并且表达自己所听到的话语。

按照海德格尔的观点,诗歌作品既是语言的创作,又是诗人的创作,诗歌的语义由两组含义构成。第一组含义是作者的构思,第二组是语言携带的含义:它们在作品中自己发声,处于作者意志之外,在传递"存在的真实"时实现语言的构思。

海德格尔隐喻地用"世界"来表示第一组含义,因为这些词汇形成文本的明确语义:它们属于作者,作者力图使它们在读者面前变得一目了然。

海德格尔把第二组含义称为"地球":这是隐含意义,是作者及读者都不知晓的作品"秘密"。作品的隐含语义与海德格尔的"地球"意义相似,因为海德格尔把地球的形象和保守秘密紧密联系起来,地球拒绝外物的入侵,坚守自身的封闭性。而"世界"被视为具有相反象征性内容的形象:开放性和包容性。

根据海德格尔的观点,这两组含义在作品中处于永久争执的关系。"地球与世界的争执"是作品"开放"及"隐含"语义的争执:一方面,作品提供某种意义;另一方面,又保留隐含意义。海德格尔运用文学中"显现"和"秘密"争执的隐喻,实际上是在说明任何艺术作品的语义基本上都是多样化的:作品中总是隐含着无穷的意义("存在的奥秘"),只有拥有丰富的体验才能不断接近理解。

对文学作品的这种理解表明了海德格尔称之为本体论阐释学批评方法论的独创性。

本体论阐释学的任务与海德格尔解释存在于作品中的"真理"("讯息")有关,一方面,"真理"是通过不以作者意志为转移的语言实现的;另一方面,它保留着作品的隐含意义。

与此同时,受此观点的影响,海德格尔不认为可以理解作品的全部语义。在他的批评概念框架下,文学作品的所有语义不能被完全理解。他认为,解释总是相对的。他坚信,对事实的这种理解才应该是解释的必要条件:在他看来,阐释学家应该记住,文本中本就存在某些无法理解的东西,因此不需要解释。如果阐释学家对作品的神秘层次没有尊重的话,那就必然导致随意的阐释。

海德格尔提出了该理论,并与以前的阐释学展开论战。诸如浪漫主义阐释学、马克思主义阐释学、心理分析阐释学、荣格阐释学以及神话批评阐释学,这些阐释学变体的理论支撑都源于这样的信念,即如果始终坚持使用所提出的规则和技巧,即使最深刻的思想层面也可以被解码。根据海德格尔的观点,没有任何规则可以保证阐释者可以完全参透作品的内在本质。诠释过程中,不可能彻底穷尽作品的内涵,主要是因为在作品中总是存在着不可解释的含义,上文中也提到了,作品还竭力去"隐藏"这些含义。

但是,任何阐释都具有相对性还存在另一个原因:海德格尔把它与"存在的历史性"关联起来。根据海德格尔的观点,人类存在是具有历史性的,是由于人类的存在总是属于某个历史背景。在《存在与时间》这部作品中,海德格尔用"Da-Sein"(存在和此在)这一术语具体阐明了自己的想法。人类总是生活在一定的历史条件中,人不可能摆脱历史因素,克服其理解的历史性。

因此,着手理解某种现象时,阐释者在深入材料之前已经具有所谓的"*前理解*"——这种事先理解总是受制于阐释者具体的历史背景。

海德格尔提出这一观点,是为了修正施莱尔马赫的观点,施氏认为对作品内涵的理解总是始于直观(臆想)假设的提出。而海德格尔认为,臆测——不仅是个体思想对含义的直觉预期,也预先受到阐释者存在的历史性制约,受到其所属时代的制约。

所以,海德格尔论证了任何解释都具有相对性的观点。在他的理论框架内,诠释总是主观的,并且,阐释者对作品内涵提出的最佳解读也会"掺杂"一些无法克服的因素(阐释者存在的历史背景以及原则上文本中还存在着无法解码的层面)。

海德格尔对诠释的这种解析导致*诠释循环新概念*的诞生。我们还记得,相信会存在绝对理解的施莱尔马赫对诠释循环是持否定态度的,并想方设法越过诠释循环。依照海德格尔的看法,诠释循环根本上是不可逾越的,因为不可能绝对等同地解读作品的全部含义。因此,从诠释循环中脱离是不可行的。况且,理解的循环结构绝不是参透作品含义的障碍。相反,根据海德格尔的观点,在诠释者主导下对作品,从"臆测"到部分解析的循环发展(相应的,从前理解到理解阶段)——这就是阐释的本体论特质。海德格尔坚持认为,每种解析都有一个无限的循环结构,整体只能通过局部分析来理解,而局部只能通过它是属于整体不可分割的一部分来理解。因此,海德格尔认为,问题不在于找到脱离诠释循环的办法而是要正确地进入此循环,尤其是要正确地从整体中区分出那些即将成为诠释对象的部分。

对于海德格尔来说,艺术作品的主要组成"部分"是词汇(或者完成的话语):正是它自身带来了"存在信息",阐释者因而会把目标投向它,进而阐明整个作品的含义。因此,海德格尔对作品的诠释常常从分解作品中那些带来隐含语义的话语和词汇开始。

让我们来探究一下在海德格尔批评中词汇本体论内容的具体判读方法。首先,海德格尔为了阐明词语的"原始存在"意义,经常依靠词源直觉。从海德格尔的角度来看,通过词源重构,才能接近作品中所包含的那些神秘的,甚至作者自己也不太清楚的"语言构思"。我们援引海德格尔对德语单词"Wahrheit"(真相)的解释作为例子:海德格尔坚持认为,该单词起源于古德语词"wahr",意思是"保护""捍卫"。这种词源(从语言学视角看是假的)支持海德格尔关于文本是"存在真相"的理念,因为事实证明,"真相"一词"原始存在的"含义就是隐藏的、受语言保护的。

其次,海德格尔以具体作品为例,通过揭示语言隐藏的象征或其直接的象征意义来重构"存在"的含义。我们援引海德格尔对乔治·特拉克尔(Георг Тракль)《冬夜》(Зимний вечер)一诗的分析作为例子,这个分析发表于文章《在通向语言的途中》(1959)。我们先整体浏览这首诗,但对海德格尔的分析仅限于第一小节。

主题五　20世纪下半叶阐释学的发展：
诠释客体与诠释情境的新观点

Зимний вечер

В час, когда **метель** - навзрыд.
Колокол не молкнет дальний.
Станет светлый **дом** печальней ——
Стол для путника накрыт.

Кто устал, кто жил вдали,
Темною пришел дорогой.
Золотое древо Бога
Бродит соками земли.

Входит странник, тих и слеп,
Боль порога - твердый камень.
Осиянны, чистый пламень,
На столе - вино и хлеб.

A. 普罗科皮耶娃　译

冬　　夜

暴风雪怒号，
晚祷的**钟声**悠悠鸣响，
明亮的**屋子**变得忧伤——
餐桌已为旅行者摆开。

只有少数漫游者，
从幽暗路径走向大门。
金光闪烁的恩惠之树
吮吸着大地中的寒露。

漫游者静静地跨进；
痛苦已把门槛化成石头。

在清澄光华的照映中
是桌上的面包和美酒。

　　为了阐明诗歌中"语言构思"的含义,海德格尔在第一节中挑出四组词语,从他的角度来看,这些词被象征性地称为"存在的原始真相"(这些词用黑体标注)。海德格尔写道,der Schnee(雪)被解释为"关于天堂的讯息":降雪指"把人们带到可诅咒的天空下"。Die Abendglocke(钟)——上帝的讯息,因为"响亮的钟声把死去的人们送到神灵面前"。Das Haus(房子)是死亡之地的讯息,因为房子是一个人的临时避难所。DerTisch(桌子)是大地讯息,因为它布满了大地的馈赠。海德格尔把"雪"和"钟"这两个词在语义上组合在一起,把它们解释为"圣灵讯息",而把"房子"和"桌子"组合在一起,因为他们是尘世、亡灵、人类讯息的载体。基于以上对特拉克尔诗歌的分析,可以发现存在的这些视角如大地、天上、人间和上帝等方面的语义统一体。这种语义组成"语言构思",除了作者自己的意愿,它还在文本中通过语言表达出来。

　　我们援引海德格尔《尼采的话"上帝死了"》(1943)作为另一个例子。在解读尼采著名的论断时,海德格尔再次揭示了尼采如此诠释的含义所在,以及超越尼采意图的含义。

　　海德格尔把尼采意图表达现代人完全脱离信仰的想法联系起来。从该视角来看,"上帝死了"的意思是"不存在上帝"。然而,尼采的论断并不局限于这个意思,因为语言还蕴含其他含义。首先,这揭露了人们在论述上帝死了中的罪恶。从这个角度来看,"上帝死了"应该被解读为"我们杀死了上帝"。其次,海德格尔发现尼采的话表达了人们对被谋杀的上帝的同情,同时也体会到人们的罪责和悔恨。从这个角度来看,"上帝已经死了"这个词应该被解读为"我们同情死去的上帝,我们哀悼他的死亡,我们被自己的罪恶所折磨"。我们再强调一次,根据海德格尔的观点,这些含义不是尼采有意构思的部分,而是语言自己说出来的。然而,根据海德格尔的观点,再现本身并不客观可信:在这位德国哲学家的理论体系中,任何阐释都是主观的、相对的、直观的。正是这个观点使得海德格尔的理论招致许多诟病和怀疑。"海德格尔的方法论为艺术(包括派生的)的多种诠释打开道路,该方法论为他的分析研究也不可避免地封闭了道路。"——柯西科夫(柯西科夫,1987,第29页)写道。往下还有,"站在海德格尔的立场上——意味着宣布关于艺术的科学死亡"(同上,第29页)。根据贡巴尼翁的说法,这等于"把语言学变成一个空想"。

§2. 伽达默尔的哲学阐释学

海德格尔的学生——汉斯-格奥尔格·伽达默尔(Ханс-Георг Гадамер)的批评理论更加强调不可能对文学作品全部内涵做出完全等值的解释。科学中心论阐释学相信可以对艺术内涵进行详尽解读,而伽达默尔追随海德格尔,批评这一观点,伽达默尔在《真理与方法》一书中写道,"含义永远不能完全穷尽","只能无限接近含义"。

伽达默尔论证了任何阐释都是相对的,首先,这是文学作品的存在特征;其次,这是理解意识思想活动的特征。让我们先来研究第一个方面,并考察伽达默尔关于文学作品的学说内容。

伽达默尔就作品的概念和以前的阐释学进行了论争,在以前的阐释学框架内,作品被视为客观现实,它自身隐藏着某种现成含义的总和,供读者在阐释中揭示。过去的阐释学从施莱尔马赫到海德格尔都是这么定义作品的。伽达默尔认为,作品不是某个完成的、封闭的、现有的、客观的感知物。它是形成中的、动态的现象,具有几个发展阶段,有着自身的历史。

这样,作品拥有过去:某个人在某个历史背景下创作了它。因此任何作品都具有"最初的含义宇宙"、某种原始语义,这种语义直接和作者的生平及文化历史背景相关。但是当作品的创作过程结束时,它就和作者、和创作时的背景脱离。与自己的过去脱离关系,作品就此进入了等待阶段。按照伽达默尔的思想,作品"等待着"自我实现,而这种实现只能在作品被具体读者采取的情境理解时完成。这样，作品的"一生"就分为三个阶段：作者的创作阶段、等待自我实现阶段和直接实现的阶段，最后阶段符合作品"表演"的具体行为。

伽达默尔关于作品循环性分割阶段的思想使这一结论更加鲜明：作品的语义不会被作者的含义穷尽。伽达默尔认为，每一个读者、每一个作品的"表演者"都注入某种要素。因为作品能够被表演很多次，每次的表演形式不一，取决于阅读的具体情景与具体的读者，否则伽达默尔就把作品视为完全开放的、未完结的、大量含义预计会实现的现象。

既然作品没有给予读者具有客观放入其中的含义、业已成型的现实，只有和读者见面的那一刻作品才能实现自我，伽达默尔得出结论，为了理解作品，创作该作品的因素不具有原则上的意义：在理解艺术含义时，不必考虑历史文化背景、作者的生平、作者的心理特点、作者的社会地位。只有诠释者情境（任何读者都是这样，因为阅读就是诠释）在理解行为中才具有重要性，因为只有读者一诠释者才能保障作品直接具体化，"让作品从虚无中摆脱出来"。

因为诠释者的理解活动是作品实现的基本因素，伽达默尔理论的下一个观点是关于理解现象的哲学反思。

提请注意的是，在伽达默尔之前，理解作为特殊的思维活动就是施莱尔马赫、狄尔泰、海德格尔的思考对象。施莱尔马赫把理解视为分析和直觉结合起来的活动：他认为，理解是把预言式深入作者个性和分析结合起来，这种分析过程中运用大量阐释原则。狄尔泰怀疑在理解活动中是否存在理性的、分析的要素，他把理解等同于诠释者直觉上和作者经历共情。海德格尔从诠释者存在的历史性出发，第一次重视理解的个体主观性。

伽达默尔和施莱尔马赫发生了争论，他拒绝把理解视为理性的方法论。伽达默尔认为理解不是规则体系，而是世界上人类存在的基本特性，按照伽达默尔的观点，人只有在理解的状态下生活，不断把自己生活中的事件加入到阐释中。因此，伽达默尔写道，理解之外无存在。

另一方面,继海德格尔之后,伽达默尔将理解视为由因素整体决定的个人主观活动。除了海德格尔认为的历史因素,伽达默尔坚持认为人类存在依赖历史背景,他还引入了两个新的因素。

第一,"文化传统"。伽达默尔认为,阐释学植根于决定其理解的文化传统,且不允许理解占据一个超越时间的立场。伽达默尔将这一思想在关于成见的学说中具体化,这一学说是他创建的,发展了海德格尔关于前理解的思想。提请注意的是,海德格尔认为,诠释者一直向文本靠拢,对文本有"预见性解析"。这种直观的、预见性分析理解是由诠释者所在的历史背景决定的。这种理解决定了最初假定的性质,诠释者带着这种前理解开始了对作品内涵的深切探索。在分析检测假定的过程中,阐释者修正自己的预见性解析,但是并不能完全克服和脱离对这种前理解的依赖。

伽达默尔把海德格尔所谓的"前理解"定义"Vorurteil",译为成见、前见、先入之见。需要指明的是,伽达默尔对这个词没有否定的评价。它不是指一个虚假的判断,而是发生在判断之前的东西,也即由于诠释者所具备的文化传统所导致的预先反思意识。

第二,理解是由诠释者的感受能力、审美经验决定的。这个想法是伽达默尔在认知论的基础上发展起来的。它的基本状况如下:理解总是作为认知而实现,而认知却体现出更深层的个体经验。伽达默尔的意思是在审美体验时会存在三种认知形式。

第一种认知形式——是预设读者把艺术作品作为某个形象综合体来理解。为了实现对作品的理解,就得这么认知艺术作品,如果理解主体的审美经验将所感知的对象从艺术范畴中排除出去,就不会产生这样的认知。

第二种认知形式——这是读者与自己的相遇:用自己的观念来填充作品,这些观念必定是在对艺术作品理解的基础上产生的,读者通过作品来认识自己。和之前的情况一样,这个过程极具主观性,因为在作品人物的形象中认知自我取决于诸多因素,这些因素只有在读者所属的具体"历史"条件下才起作用。

第三种认知形式——在了解作品内容的过程中"对某种本质的

认知"。这种认知形式和前两种形式一样,极具个人性,因为这种关于本质的观点取决于读者的个人情况和个人特点。

以文化传统学说和认同学说为基础,伽达默尔得出这样的结论,诠释是纯粹的个人行为:诠释的唯一手段就是诠释者的认知,这种活动是由历史背景、文化传统和独特的审美经验决定的。在这种反思的前提下,显而易见的是,每一个新的诠释者对作品的含义都有不同的认识,同一个作品的不同解读都不免会产生差异。每一个版本都是在解读作品时,对其"原本意义宇宙"的独创性探究。因此,在诠释过程中不会发生任何的含义再现(如施莱尔马赫所述),因为作品中不存在成型的、客观的、固态的含义。每一次解读过程总是会产生新的含义结构、新的含义创造。

在该理论基础上,形成伽达默尔阐释学的核心方法论准则:考虑作品潜在含义实现的多样性准则。能够让诠释者坚持该准则的方法被称为"与传统的对话"。伽达默尔将这种诠释方法与浪漫主义阐释学代表施莱尔马赫、狄尔泰和圣伯夫提倡的"移情"作者法形成对比。我们还记得,施莱尔马赫提出的"移情"作者的准则(或者称之为"诠释者与作者等同"的原则),意思是,诠释者通过努力和想象,消除与作者的历史距离,从而保持和作者一样的生活和语言知识。

根据伽达默尔的观点,这一准则是不可行的:作者和诠释者之间的历史距离、文化和个人差异是不可逾越的。伽达默尔认为:相反,诠释者应该有意识地培养与创作时间和作者之间的距离。伽达默尔有意承认自身属于另一个完全不同的历史文化背景——这对他而言是很有成效的理解的要素:消除作品与诠释者之间的"依存关系"只会有助于理解。同时,这里谈的不是理解作品中仿佛以成品形式出现的唯一含义。伽达默尔谈的是另外一种形式的理解:理解作品本身含有的某种"多个原始含义构成的宇宙",它起源于传统,但随着时间推移,就不可避免地出现了无穷无尽的诠释版本。承认作品属于另一个不同的文化背景,并且专注于文化背景的研究,这样能帮助诠释者在阐释过程中认清偏见的威力,认清在此基础上不可避免出现的阐释"成见"。在这种情况下,诠释者不再认为自己的阐释版本是客观真理。伽达默尔在他的文章《论理解的循环》中写道:"作品呈现在诠释者面前的是自己所有的差异,以此来保护自身的真实性免受我们的前见解诟病。"(伽达默尔,1991,第77页)

所以,根据伽达默尔的观点,阐释学的任务就是要展现作品与"我们偏见"的"差异性",保护它免得被强加某个单一的含义,一方面,展示作品存在"原始特定的"语义;另一方面,展示在语境解读过程中作品可以拥有的多种含义。

鉴于此,伽达默尔认为,理解不是知识的科学形式,阐释是游戏般揭示艺术作品含义的多种可能性。根据伽达默尔的观点,从事释义的诠释者主导着一种有意识的游戏,因为它以承认诠释的无限可能性为出发点。而且,所有的诠释版本都无一例外地被伽达默尔认定为是对作品含义的平等解读。此外,伽达默尔认为,对作品的不同理解是艺术作品与我们共同完成游戏的结果:在新文化语境条件下,作品的"思想内涵游戏"向读者彰显自身语义出乎意料的方面。

因此,伽达默尔认为文学批评原来是一场游戏(而不是科学活动),旨在展示作品和理解本身的游戏本质。在该观念的前提下,任何客观的理解标准都被排除在外:所有的解释都是一样的,没有一个不被认为是可信的。因此,可以这样说,在海德格尔和伽达默尔的哲学批评活动框架内,将阐释学作为一种解释科学继续推进,将以一种明显的危机而告终。

要摆脱这种方法论危机,西方文学学一方面在反唯科学主义批评潮流的进一步发展中寻找办法(现象学向文学学的转折);另一方面在新形式的文学科学主义流派(结构主义采用的语言学转折)发展中寻求突破。

参考书目

伽达默尔.历史的序言.阐释学理论的基本特征.载于《真理与方法.哲学阐释学基础》,莫斯科,1988.

伽达默尔.理解的视野.载于《美的现实性》,莫斯科,1991.

伽达默尔.文本与阐释.载于《阐释学与解构》,圣彼得堡,1999.

海德格尔.物与创作.载于伽达默尔《追思录》,莫斯科,1993.

海德格尔.艺术创作的起源.载于《19~20世纪国外美学和文学理论:论著、论文、短论》,莫斯科,1987.

海德格尔.诗人何为?.载于里尔克《触碰:献给俄耳甫斯的十四行诗:新诗集》,莫斯科,2003.

海德格尔.对荷尔德林诗歌的阐释.圣彼得堡,2003.

海德格尔.格奥尔格·特拉克尔:诗歌结构的确定.载于《特拉克尔 Г.选集》,莫斯科,1994;或者载于巴济利 O.《格·特拉克尔》,叶卡捷琳堡,2000.

瓦西里耶娃 T. B.海德格尔的诗体阐释学.载于《和海德格尔的七次相遇》,莫斯科,2004.

盖坚科 П. П.向超验突破.莫斯科,1997.

盖坚科 П. П.艺术与存在.海德格尔关于艺术作品的本质.载于《哲学·宗教·文化》,莫斯科,1982.

拉什克维奇 A. B.阐释学概论:人文学科大学生电子超文本教材.伊热夫斯克,2000.

利亚普什金娜 E.文学阐释学导论(教参).圣彼得堡,2002.

马拉霍夫 B. C.伽达默尔的哲学阐释学.载于伽达默尔《美的现实性》,莫斯科,1991.

马尔科夫 Б.存在的阐释学和海德格尔的本体论的解体.载于

《阐释学与解构主义》,圣彼得堡,1999.

米哈伊洛夫 A. B. 历史诗学和阐释学. 莫斯科,2001.

主题六 文学学中的现象学

现象学是关于意识的科学,其创始人是德国数学家兼哲学家埃德蒙德·胡塞尔,他探究的主要问题是意识是如何运作的,特别是何为理解。

胡塞尔哲学的基本论点是人类意识经验的意向性分析。胡塞尔的意识意向性总是指向对象:意识总是指向某种事物,它始终是关于某种事物的意识。同时,对象本身不是客观地存在于时间与空间中的事物,而是作为人类的感知,也即作为意识现象存在。现象是意识单位,是人类世界的主观形式。胡塞尔认为,人与自身意识现象相关联,而不是与现实世界对象相关联。他还认为,人类世界仅仅是其意识现象的总和,而不是客观现实,该思想体现在其著名的格言"无主体就无客体"中。同时,该论点也强调,在感知客观的时候,人类总是倾向于用"自己"的内容来填充它,而这又意味着:可以给客体赋予的意义只能是人的意识,客体的意义不存在客观成型的形式。

在该概念基础上,形成现象学研究的一般方法论准则。根据此观点,不应该将事物视为客观存在,而是作为我们的意识现象,在人类的认知活动中获得自己的含义内容。

依赖于现象学哲学的文学批评产生了独特的作品理论和独特的方法论。和前海德格尔的阐释学具有争议的作品理论是建立在广义文学现象学的基础之上的:作品不是独立封闭的客观审美客体,仿佛其自身就隐含了所有的含义,作品是意识现象,是意识活动的产物和结果。换言之,作品不是实物,而是由个体意识产生的主观现象,忽略这一事实对作品的研究将无法进行。此外,最早将分析作品时意识的作用问题化的是海德格尔和伽达默尔,这使得谈论作品的现象学概念成为可能。

作为意识的主体,现象学批评中的意识活动与作品含义的形成紧密相关,作者(创造意识的载体)和读者(接收意识的载体)都举足轻重。因此,如果将作品视为作者的意识现象来研究,那么我们就要研究对于作者的意识来说,世界是什么样子的,要研究在艺术活动中世界是如何受到作者意识的影响的。在这种情况下,我们所研究的是这样的作者意识活动,即它们保证了文学作品的创作,如对世界的幻想、想象、回忆、模拟、感知和对自我的感知等。

如果将作品视为读者的意识现象来研究,那么我们就要研究读者眼中的作品是什么样的,研究在阅读过程中,作品受到什么加工,读者有何反应。在这种情况下,需要研究文学认知时的意识总和,例如,想象、审美活动、认识和对主人公的移情等。

在文学现象学的框架下,可以分出四个评论流派。对每个流派我们用一节来讲述。分类的标准是:意识活动是什么类型和性质,文学作品的结构加在什么样的意识载体(在某个现象学批评流派框架内)上。

§1. 作为作者意识现象的作品:萨特、斯塔洛宾斯基

这一文学现象学分支的基础是由让·保罗·萨特(Ж.-П. Сартр)奠定的,一方面,正是他对创作意识进行了分析,另一方面正是他分析了作者的存在主义化。因此,我们就来探讨萨特文艺批评活动的这几个方面。

萨特在《想象心理学》(1939)中提出创作意识分析这一理念,在这部作品中,创作意识被描绘为想象意识:萨特认为,想象是创作活动的主要样态。仔细研究创作意识的活动性质,萨特得出的结论是:

艺术家借助于想象来"虚无"世界，把它变成虚无的。萨特将这种真实世界受到作家创作影响的实质称为虚无化和毁灭化。按照萨特的观点，塑造世界时，作家剥夺其物质特征，并把世界变成了一个"虚幻的伪客观世界"。作品中塑造的"魔幻世界"与客观物质世界无关：在创作中客观事物变成了形象，变成了不真实的艺术现象。

萨特对作者存在的分析源于他关于自由是人类存在主要特征的论断。萨特认为，自由在人类自身设计中表现自我。萨特区分出两种人类设计形式。第一种形式是所谓的"基本的"，即普遍的人类设计，其目的是为了争取将每个人凝聚成"整体"，通过与他人的团结来克服自身的不足和不完整。人类活动的第二种形式是所谓的"个人（或初始）选择"——一个人在童年时代所做的选择就决定他今后的命运趋向。

当转向作者这一形象时，萨特认为作者的命运是由其最初的选择决定的。因此，他把批评任务与对作者本人无意识地设计的那种生活场景联系起来，而这场景也决定了他创作的性质和内容。萨特将自己的这种方法称之为**存在主义精神分析法**。它的对象不仅是作者创造力的无意识机制（如弗洛伊德的精神分析学），而且也是更广泛意义的作者命运，这一命运是"个体选择"的结果。更确切地说，萨特的存在主义精神分析并不是针对文本含义，而是在文本中揭示了作家"存在"的痕迹。

萨特的存在主义精神分析的第一个对象是夏尔·波德莱尔（《波德莱尔》，1947）。萨特将波德莱尔的人生悲剧归结于其本人没有彻底贯彻自己的最初设计。萨特认为波德莱尔的最初设计是"特立独行"：波德莱尔从小就具有独立不羁的性格，他孤独、清高，蔑视社会的道德标准。萨特从波德莱尔与母亲分离中推断出他的个人设计。萨特认为，以母亲"背叛"为基础，年轻的波德莱尔开启了"罪恶的生活方式"。萨特的假设是，无法按照自己的最初选择生活，波德莱尔才会形成这样怪异的性格。在转向研究波德莱尔的诗歌时，萨特更巩固了这一思想。他认为，忏悔母题、寻死母题和《恶之花》的系列形象直接证明了诗人想摆脱个人自由的重担。萨特将波德莱尔没有彻底贯彻自己的最初设计视为一种存在主义犯罪。因此,萨特认为波德莱尔的悲惨命运是因为拒绝规律确认自己选择而遭到的报复。

萨特另一个存在主义精神分析对象是居斯塔夫·福楼拜。萨特在三卷本《家庭的白痴:福楼拜 1821~1857 年》(1954~1972)研究了福楼拜的命运。萨特认为,福楼拜不同于波德莱尔,他一生都遵循自己最初的选择。萨特认为福楼拜一直对抗任何一种社会确定的方式。在存在主义中,福楼拜成为"背离社会的流浪汉",萨特认为,这是因为与萨特相似,福楼拜儿时的神经官能症的影响,但萨特的神经官能症是指与母亲的分离,而福楼拜则是与文字相联系。童年时候,福楼拜有阅读困难症,他被动接受文字。"与文字的斗争"不仅变成了对个体书面语的狂热兴趣,还有对任何一种社会关系的抵抗。萨特还认为,基于此,福楼拜走入"象牙塔",同时他还有对脱离资产阶级参与的艺术的崇拜。

针对这一现象学批评分支,我们还需注意日内瓦批评意识学派,其领导者是让·斯塔洛宾斯基。这一学派同样认为作品是作者的意识现象,是"作者把作品译成密码的尝试"(让·斯塔洛宾斯基语)。作品是作者意志、作者经历、作者感受、作者观点面向世界以及面向自己的表达。在分析文本的基础上重建作者的世界观、探寻作品中作者存在的"思想痕迹"——这些成为该学派方法论"宣言"的基础。因此,斯塔洛宾斯基在读司汤达时,在揭示贯通一体的母题、情境和形象的基础上,重建其世界观。这些多样又重复的母题、情境和形象给斯塔洛宾斯基提供了可靠的标准,用于解释司汤达这位法国浪漫主义者独特的意识。

§2. 作为意识之对话现象的作品:萨特、英加登

作品是作者意识与读者意识之间合作的现象——让·保罗·萨特是最先表达此观点的人之一。按照这一思想,作品是由作者和读

者共同努力产生的,是双方参与创作的结果。把解读文本视为一种交际事件——作者与读者之间的意识交流事件,萨特的思想非常悲观,在此基础上,萨特认为现实生活中是不可能存在人与人之间的真正交流的。在("存在主义的")现实中,一个人总是力求剥夺其他人的自由,不是把其他人看作一个独立自由的人,而是作为达到自身目的的手段。因此,萨特认为,现实生活中,人与人之间是不可能有合作的:人与人之间本质上是相互冲突的,其内在因素不是相互作用,而是"存在主义化的斗争"。

艺术是实现一个人与另一个人真正沟通的唯一领域。此时,萨特是指作者和读者之间的沟通交流。阅读时,作者与读者思想对话过程中,他者的自由不会让另一方失去自己的自由;相反,艺术交流确立并增加作者和读者的"存在",这种交流对于作者和读者来说都是"大有裨益"的。无怪乎在《什么是文学》(1947)中,萨特论述了自己的审美交际理论,他把阅读定义为读者与作者之间的"高尚契约"。作者从此次交流中得到的"裨益"依靠的是与读者对话,萨特认为,这种"获益"实际上体现在读者阅读过程中得到的作品的语义—形象方面。萨特还认为,文学只有在"他者"帮助下才得以存在,只有感知作品,才体现出作品的"存在"(萨特这方面的理论与伽达默尔的理论之间的关联性是显而易见的:伽达默尔也写道,作品只有在读者"完成"作品的过程中,才能实现自我,在遇上读者之前,作品只存在于等待的状态下,不断"呼唤"读者来感知)。

因此,读者的"获益"被视为获得"审美乐趣""确定自由",是一种"接近共同存在的理想,趋向人类整体"的方法。萨特认为,文学可以赋予读者一个"整体"性视角——这在现实世界中是不可能实现的,因为每个人在世界上都是处于独特的"处境"。柯西科夫如此评论萨特的理论:"一方面,这种处境使个人未来生活别具一格。另一方面,这一处境还具有这种特性:原则上每个人都能够真正感知到他者的内在感受,相对于其他人而言总是处于外部观察者的地位。因此,关于客观世界的任何个体真相也是'不完整的'和'局部的'真相……也是表面的真相……甚至是某种程度上有缺陷的真相,因为它不会导

致不同'我'的存在主义汇合。"（柯西科夫，1987，第 30 页）

萨特认为，在艺术交流中，读者向他者存在靠拢，有机会体验他人处境，体验"自我超脱"，因此，也可以克服本身存在的"闭塞"和"孤独"。阅读"让读者完全（即使是错觉或者暂时性的）忘记自我以及自身处境，开始生活在作家创造的想象空间中，这个空间充斥着他人的经历和境遇"（柯西科夫，1987，第 30 页）。

波兰哲学家罗曼·英加登（Роман Ингарден）也将阅读视为意识对话。与此同时，他对作者和读者之间的交流机制更感兴趣。

以其独创概念为基础衍生出"文学作品的图式性"这一概念。英加登认为，文学作品一直是图示的，从这一层面看任何描述、任何叙述都不能给客体或事件一个完整的印象。而不可能给出全面的描绘是有很多原因的。首先，因为客体或事件均独一无二，具有多样性，在文学创作中不能将这些特性全部展现出来。其次，作者能够使用的表达手段有限：借助这些语言单位不可能再现其塑造的客体或事件的所有细节。因此，英加登总结说，每种描写和叙述在语义上都是有缺陷的，总是存在着"不完整性"。英加登将作品这种特质称为作品的"图示性"或"语义不确定性"。在接受过程中，作品的图示性具有重要的功能：它激发了读者的想象力，并使读者的注意力仅集中在作者的美学本质意义上。

由于作品的图示性，阅读不可避免地变得具体化。作为文学作品阅读的唯一途径，具体化思想成为英加登的主要理论。"阅读作为具体化手段"意味着读者通过将自己的主观思想"移植"到作品中，来充实作品，"消除了不确定的点"。在某些情况下，具体化是沿着"改变"甚至"曲解"作品的方式行进的。但无论如何，阅读的意向性使得它一直都是作者图示的具体体现——由于接受意识处于现象学的框架下。

根据这些想法，英加登重新解释了为什么同样的作品有很多不同的解读。解读的多样性不仅是因为读者拥有取决于历史背景和文化差异（如海德格尔和伽达默尔所描述）的个人独特体验，而且也是由于读者有意识地感知作品，而作品从根本上说是不具体的和图示的:在与读者互动之前,作品是个"沉默的骨架",等待阅读主体来实现自身的思想。

同时,英加登也指出,作为读者意识的作品同样有着意向性特点,因为它是由具体的主体按照其个人意图想象出来的。因此作品就是"意向性的客体",它具有来自作者和意向读者的"指定意向"。作品的意向"要求"意向读者做出相应反应。

因此,英加登写道,在阅读的过程中,读者的意识能够与另一意识(作者意识)所创造的某个审美本质产生交际,作者意识赋予这个审美本质某个最初含义,同时也是某种作用于潜在接受者的特殊弹药。英加登称这个审美本质为"原本质",他认为,这个原本质在作品中客观存在着。在这种情况下,英加登与自己的老师胡塞尔展开了直接的辩论。胡塞尔认为,认知之外的对象不具有现实性,只有接受个体赋予它语义("主体之外无客体")。英加登认为,胡塞尔过分夸大了接受意识的意义:客体在其活动之外同样存在,即客观存在。如此,美学对象(艺术作品)是客观存在的,并且存在于接受行为之前,这是它的现实基础,也是作者意向赋予它的。这种本质只有在接受主体参与,在阅读情况下才能得以实现——这是另一码事。

基于此深思,英加登做出了结论,在众多不同类型的文本具体化中,存在这样一种更符合它的"原本质"。此时,英加登认为,其他的具体化或多或少地偏离了这个"唯一的原本质"。他认为,文学批评的任务在于揭示作品的"唯一原本质"。这样的目标使得英加登提出阐释的等值性问题,并且提出了方法论,在此框架下可以把符合作品原本质的阅读和不符合的阅读区分开来。

英加登提出的方法论被称为结构现象学。它是一个按照层次分析作品的方案。据此,作品可以被看成是多层的结构,是许多有序结构要素的"复调和谐"。文本结构上的多层次性就是"原本质"存在的方法,因此,分析作品结构就是一种可以揭示其本质的唯一方法。最主要的是,在这种分析的过程中,批评家专心于作品的内在结构,抽象出自己个人理解的特点。

按照英加登的说法,作品的基本结构至少可以分为以下四个层面：
1. 语音的（语音层面）；
2. 语义的（意义层面）；
3. 图示观相的（内容层面）；
4. 直观形象的（作品中"再现客体层"）。

然而，对于英加登而言，分析艺术结构有多少层面是可变的数量：分析有的作品时，他有时会加上很多层面。根据英加登的方法论构思，研究者在每个选定的层面寻找"作品的原本质"。英加登认为，如果每个层面的分析结果都吻合，就可以认为解读的这一版本与作品"原本质"，即与作者的"意向性"相符。

因此，英加登的概念证明了艺术作品的可认知性，重新开启了被海德格尔和伽达默尔废除的文学分析研究，在这两位哲学家的理论体系里批评活动从根本上讲是主观性的，而作品从根本上说是不可知的。并且，在英加登的作品中我们发现，他已经完成了向审美交际新概念的过渡：审美交际不再被视为意识间（作者和读者间）的对话，而是读者与体现作者意图的文本之间的对话。对艺术交际理解的此项转变后来得到德国接受理论的支持。

§3. 作为读者意识之现象的作品：美国接受批评、布法罗批评学派

在本章节中，我们来研究这样一些现象学概念，和上节相反，在这些概念的框架下，胡塞尔的论点具有现实意义：外部世界的客体不具有客观含义，而只是作为接受主体的意识现象存在，仅仅在对其感知中它们才获得自己的语义。如果我们谈论的是审美对象——文学作品，它被认为在解读过程之外是不存在的，只在接受过程中才成为文学作品。

在这一系列概念中，首先，我们来关注美国的接受批评（*读者反*

应学派）。该学派领导者——斯坦利·费什（Стенли Фиш）是著名作品《〈失落园〉中的读者》（1967）、《自我汲取的人为现象：17世纪文学的接受》（1972）、《读者中的文学：感受文体学》（1970）的作者。

　　费什在与诗学的辩论中建立起对作品的理论理解。诗学认为，作品是自给的、独立的，是封闭的美学客体，它与接受是毫不相关的。费什的观点则与此相反，他认为艺术作品就是"一个过程，通过阅读的接受活动中建立起来的过程"（楚尔卡诺娃，2004，第348页）。在阅读活动之前，作品都不具备任何稳定的含义，它的含义只有在读者的主观活动中才被建立起来：按照费什的观点，含义"并非包含在作品中，而是存在于阅读中"，因此，文学"并非是作者所写，而是读者所读"［参见拉什克维奇编的超文本教材（拉什克维奇，2000）］。

　　费什认为，在文学作品阅读过程中，读者会体验到由艺术语言引起的特别的情感——"情感起伏"。在体验文本时，读者同时将其语义化：读者依据自身的审美和生活经验，给作品中的词汇和形象增添某种意义。因此，作品的含义只在具体读者的接受过程中构成，存在于不同的读者对于文本的各种反应总和中。

　　基于该理论基础上的批评方法论被称为"感受文体学"。它描绘读者的感受、反响和意识反应，这些情感都是读者在文本接受过程中产生的。费什写道："感受文体学方法的基础是分析阅读时产生的感受的时间流，分析不同时间出现的词汇对读者的不同反应。"（费什，引自：楚尔卡诺娃，2004，第349页）

　　由于要描绘读者的反应，批评家要揭示"读者反响结构"，揭示构成读者反应的那些要素（这是读者的背景，是他的经验、知识、美学储备以及思维特性等）。我们再次强调的是，感受文体学框架下的作品本身含义不是客观存在的，它的揭示只和读者的阅读活动相连。

　　该现象学方向的另一个分支是**美国布法罗批评学派**，是以形成该学派的大学所在城市的名字而命名的。在这一学派的框架内，作品同样不被视为一个现实的客体，而是主体接受活动中形成的产物。这一学派的领导人之一是诺曼·霍兰德（Норман Холланд），他是《文学反应动力学》（1968）、《诗歌在于个人》（1973）、《五位读者的阅读》

(1975)、《我》(1985)的作者。

霍兰德批评方法的独创性是由于他不把作品视为读者意识的产物(而这是费什接受批评的观点),而是读者对文本无意识心理反应的产物。根据霍兰德的观点,作品的含义形成于读者的无意识解读——在阅读过程中,读者按照自己纯粹的个人心理体验和个人"象征"的需求,"重现"自我。

因此,建立在弗洛伊德精神分析法基础上的霍兰德方法论,是读者对文本的心理反应的描述。正如楚尔卡诺娃所写,描述读者如何在阅读过程中"再现"自己的个性时,霍兰德确定了读者对文本产生反应的三个普遍阶段:

1. 对愉悦的渴望和对痛苦的恐惧;
2. 激活想象力;
3. 用道德、理智、社会、审美的统一体认知来代替想象(楚尔卡诺娃,第463页)。

因此,在现象学研究的该分支框架内,文学作品被认为完全依赖于接受意识,因而不属于客观研究。

§4. 作为读者意识与文本之对话现象的作品:康斯坦茨学派

现象学批评的另一分支是德国的"接受美学"学派(又称康斯坦茨学派,这个名字出自这个派别诞生大学所在的城市名)。该学派促使了文学学彻底转向研究读者,这一转向始于海德格尔、伽达默尔、英加登。在这个学派主要代表汉斯·罗伯特·姚斯(Ганс-Роберт Яусс)和沃尔夫冈·伊瑟尔(Вольфганг Изер)的作品中,读者被视为享有充分权利的文学创作主体,他们与作者一起的活动就是制造艺术含义。因此,此学派代表人物成功地避免了读者角色的绝对化,这种绝对化是20世纪60～70年代美国接受批评和布法罗批评学派

(上节我们提及的)的研究特点。在这种情况下,读者被承认为享有充分权利的文学创作的参与者,但这并没有导致认为文学文本不能够客观研究。

德国接受美学理论克服了上面所提的激进思想,因为这一理论认为文学创作具有交际本质。在这种思想里,读者被看成是作者作为信息发出者编制的文本信息的接收者。在这种情况下,就可以强调读者在阅读中是与文本而非作者交际(萨特认为艺术交际是读者和作者的对话,正是这一点把文学是交际系统这一思想放入国外文学学的背景下)。

伊瑟尔把阅读视为读者与文本的交际,他提出"把文本转化为作品"的理论。在他看来,作者文本在读者接受过程中获得了新的地位:它成了作品。正是读者把文本转化为作品,读者单独解码文本中所含信息。

在德国接受理论形成之前,对"文本"与"作品"没有理论上的区分。一般而言,这两个概念是被当作作者创作成果的同义词。在这样的传统里,"文本"和"作品"就是对作者"编织"或"创作"的不同说法。伊瑟尔区分了这两个概念:"文本"是作者创作的产物,而"作品"是读者对作家作品审美接受的产物。在这个设想中,"文本"只有唯一形式的存在,是"含义潜力""符号编码",它等待自我实现,在此之前它仅仅具有虚拟的、"假想的"(伊瑟尔语)的含义。"作品"是在接受活动中产生的,是读者活动实现了文本的含义潜力,作品存在着大量接受形式。

由于这样区分作品与文本,德国接受美学学派在伽达默尔之后论证了文本的开放性。该学派认为,文本开放性就是文本倾向大量的含义实现。因此,文本不是封闭的独具自身价值的客体,而是对读者创作开放的现象,读者创作可以重复理解,文本含义层面是灵活多变的,用姚斯的话说,文本不是"纪念碑",而是"音乐总谱"。

但是,在康斯坦茨学派的概念中,具有开放性的文本同时具有调整接受的能力,把接受调整到需要的轨迹。姚斯将这种特质称为"文本战略",指的是文本中包含自身含义实现的模式、读者"指令"的某种总和、自身接受的"程序"。因此，文本形成自己"必要的"美学反应，"迫使"读者在自身条件下，按照自己的交际目的解读文本。

在此基础上得出非常重要的方法论层面的结论：如果文本内部结构里包含对读者产生影响的各种因素总和，那么，它或多或少具有"正确"的阅读自己的方式。因此，这个读者反应理论论证了等值接受的可能性，这与伽达默尔的"阅读不能不具主观性"理论进行了论战。此时，在阅读总是主观行为的看法中，阅读不是任意的，而是符合文本本身的意向的，它调节着接受，阻止着任意的解释。

文本通过不同方法对读者产生影响来实现自己的战略。在接受理论中，这些不同的影响被描述为：文本的交际明确性和交际不明确性。

伊瑟尔认为，文本的"交际明确性"是在作者指示和注释的基础上形成的。这些指示和注释不仅以作者说教性的表达方式，并且在文本中讽刺性挑起读者的不赞同，直接形成文本所"需要的"的理解矢量。

文本战略自我实现的相反方法是"交际不明确性"。它形成于"空白的地方""空白处"（伊瑟尔语）。在伊瑟尔之前，英加登在艺术作品原则上是图示的理论中描述到，文本中存在含义空白（不完全明确的地方）。这些空白的功能是促进创造性阅读。读者根据自身艺术鉴赏能力，同时根据文本给出的条件填补这些空白。

文本借助所有这些方法对读者接受进行调节，伊瑟尔把所有这些方法的总和称为"隐含读者"。这种理解暗示文本存在某种被渴望的接受模式、某种特殊的意向性接受读者。在之后的批评中，被读者反应类文本程序化的接收者有不同的术语符号表示："暗含的读者"，"想象的读者"，"抽象的读者"，"模范的读者"（艾柯），"头等读者"（里法泰尔）等等。

接受理论描述的不仅是文本如何影响读者，而且还有读者如何实现文本的影响，还有读者的哪些认识活动可以确保这种联系的实现。英加登认为，阅读是在具体化过程中实现的，接受美学理论发展了这一观点，区分出不同类型的阅读文本具体化，并强调任何的具体化都是文本与读者想象相互作用的结果。具体化的一种类型可在"现实化"的模式中实现。通过这种具体化读者在实现文本战略的同时,考虑到文本的交际需求,在某种程度上按照文本的意向读者要求来阅读。具体化的另一种类型是"认同作用",读者把自己和所读作品之间幻想成一致的。

姚斯在描述读者与文本相互作用的机制时,把伽达默尔"*期待视野*"的概念现实化了。提请注意的是:正是伽达默尔提出了文本"期待"自身含义的实现。根据这个说法,姚斯论述了接受就是"文本期待视野"与"读者期待视野"相互作用的过程。"文本期待视野"是文本中编码的对读者的要求,也就是促进读者达到文本所期望的审美结果的思维程序。在这一层面上,"文本战略"这一概念应视为和"文本期待视野"的同义概念。

"读者期待视野"——这是读者对文本的期许。这些期许是在读者现有的审美经验基础之上形成的。并且,如果文本的期待视野是稳定的,那么读者的期待视野就会在接受过程中发生变化。例如,当文本给读者提供未知的美学体验并且要求他改变期望时,就会发生这种情况。如果读者接受这个要求,并且克服文本期待视野与自身初始期待之间的距离,则可以形成"视野的融合",据姚斯的观点,这就是等值理解的保证。

但是,视野的融合也可能是接受的起点,例如,大众文学的接受,此时不需要耗费读者过多精力,为接受者提供他们所期望的审美体验。

接受是(文本和读者)期待视野之间相互作用的观念,使得姚斯提出了接受的历史变化的问题。姚斯在《文学史作为向文学理论的挑战》(1967)中由该角度仔细研究了读者的接受,其主要内容是论证了文学史的新方案。姚斯以接受一直具有历史性的观念为起点:读者期待视野总是由读者所属的那个时代和历史背景所决定。因此,属于不同辈的读者期待视野是不可能一致的:从历史视角看,读者的期待是变化的。因此,不同历史背景下,同一部作品在接受的过程中,会经历不同的接受类型。因此,姚斯认为,批评的任务是,再现该文本对不同辈的读者的影响史。只有构建起历史上连贯的接受链，揭示出第一代读者和后面年代读者的不同解读，才有可能对作品的含义潜能做出结论。

同时，姚斯指出，不同文本的接受史亦各不相同。它们的不同和文本战略的性质有关，和它们的影响指向的性质有关。因此，姚斯指出，古典作品在接受的过程中更加稳定，因为它们的文本战略指向的是超越时间的永恒读者。现代主义、先锋派作品的接受史最具多变性，因为它们的文本战略否认传统，因而破坏了读者习惯的期待视野。

大众文学和严肃文学的接受史也完全不同——这是由于它们的文本战略完全不同。姚斯以两部资产阶级通奸主题小说的接受史作为例子：费多的小说《范妮》和福楼拜的小说《包法利夫人》。这两部小说的接受史正好相反：费多的这部肤浅小说在当时一经问世便引起不小的轰动，不像福楼拜的小说，被指责侮辱了公共道德。然而，后世渐渐遗忘了费多的小说，而福楼拜的小说无疑作为杰作进入了世界文学史。

在后来的作品《审美经验与文学解释学》(1977)中，姚斯定义了艺术接受的不同历史类型。在欧洲文学史中，他分出了五种类型。

最早的类型是联想，它是在观众对中世纪戏剧表演接受的框架内形成的。中世纪的观众常把自己想象成戏剧中的人物，明白舞台上发生的事情是有条件的，也明白自己与人物的差异。

下一个是英雄史诗模型，姚斯称之为"仰慕的"类型。在这种类型中，接受者感觉自己与人物是脱节的，因为这类人物是不可能实现的理想化身。

在感伤主义和浪漫主义文学中出现了"同感"式接受。在这种类型框架下，读者同情和模仿主人公。

现实主义文学产生了"宣泄式"的接受，按照这一类型读者需要与主人公达成共识。

最后，现代主义文学使得读者与被描绘主人公形成反讽式疏离的接受。

因此,接受美学揭示了理解的历史可变性,但也证明了作品中存在稳定的语义,这与文本包含控制接受的结构有关。通过探究文本引导理解以及历史视角下的理解变换过程,证实文学可以进行客观研究。

§5. 作为意义生成活动之主体的作者与读者:利科的现象学阐释学

法国哲学家保罗·利科(Поль Рикер)提出了解决艺术现象可知性/不可知性问题的新方法,他是文学研究中现象学阐释学这一研究方向的创始人。他的理论基础是阐释学和现象学的结合。说到阐释学,利科指的是海德格尔之前的情形,在该框架内,阐释学是一种理性规则和作品诠释原则的体系。谈到现象学,利科指的是现象学的文学学形式,在该框架内,接受被论证为根本上是主观性的,而作品的客观含义不可能再现(这种论点源于海德格尔和伽达默尔的思想)。而利科是将这两种方法结合起来,用他的话来说,如果要给阐释学嫁接上"现象学",就可以避免这两种方法论的极端性:阐释学坚信作品中客观上存在着等待解码的现成语义,而现象学把"文学学变成幻想"。

根据利科的观点,这种把两种方法论结合起来的结果就是*论证出一个新的诠释对象*。对于文学批评而言,它应该不是作为含义总和(客观上固有的或在阅读中获得)的文本,而是与文本相互作用的*主体的特殊活动*。利科把这种活动称为"叙事"。这里的"叙事活动"指的是建立叙事的活动以及接受叙事的活动,即创作、叙述(文本生成的口头形式)和阅读。这些现象学活动也应该是阐释学解释的对象(而不是文本)。

就目的层面而言,利科认为叙事活动就是主体发起的自我认知活动。根据利科的观点,任何叙事形式(文字、口述故事、阅读)的目标都是一样的——叙事活动主体(作者、叙述者或读者)的目的是理解自身。在这种情况下,叙事(撰写的文本)被视为人类走向自我的媒介。利科认为,文本的编撰或接受是自我认知的必要条件,利科写道:"认识自己,意味着在文本之前认识自己。"

利科所谓的*主体自我认知*可以从三个方面来解释。第一个方面——"Arhe",或"主体的历史根源探究"。在这方面,个体的自我认知与试图探索自身个性相关。从这一层面看,利科将反射自己的童年时期,一段心理有意识和无意识萌芽的时期比作"主体的历史根源探究",研究自身的起源。

第二个方面——"Telos"或"Teleos"("终极目标"),将自我认知过程与主体对自己目标以及未来前景的反射联系起来。

第三个方面——在其外的自我认知将会是残缺的——这种"Sanctus"("神圣的事物"),也就是个人对自身价值体系的认识。

根据利科的观点,主体只能通过叙事活动实现自我认知(即弄清楚自身形成的特点、自己的目标及自己的价值),因为自我认知不是直接给予人,而是一系列活动——文本创作或阅读的结果。这种人类活动是现象学阐释学的对象。利科写道,这些方面过去都处于三门不同科学之中:精神分析研究的是主体根源,精神现象学研究的是目的论,宗教现象学研究的是价值论。利科认为研究主体就是对主体进行历史溯源、研究其目的和价值观,利科将所有这些方面合为一体,认为这些方面是主体自我认知过程的不同体现,从而论证了一种所谓的"现象学阐释学"科学。

根据利科的观点,实现该目标(叙事活动研究),现象学阐释学必须"*再现文本*",即揭示出文本如何直接参与主体的自我认知过程。

接下来,我们来研究一下利科如何回答关于作者活动和读者活动的问题。

探索文本在作者叙事活动中如何运作的时候,利科提出了文学叙事功能学说。该学说的实质是,作者的生活经历构成("组建")创作。生活实际上是不同事件的随机组合,这些事件之间往往没有因果关系。通过设定和开展故事情节,作者形成"模糊""无声"的"时间体验",因此,通过故事创作,慢慢认识自己的人生。

  探索文本在读者叙事活动中如何运作的时候,利科提出了叙事认同学说。该学说的实质是,只有通过阅读,一个人才能获得认同和理解。根据利科的观点,文本"向读者传送认识自己的指令"。通过阅读,读者(模仿人物或与人物保持距离)开创了新的生活境地,改变了生活态度,以新的方式重新规划自己的人生。文学可以"重置"、转换、重新规整读者的生活经验。在阅读活动中,主体的"我"可以让他理解。此外,文本向读者提供叙事纲要,通过这些纲要读者可以表述自己、表达自己的经验,从而再次认识自我。

  利科关于"文本运作"、关于文学在人类认同性构建中的重要意义的理论,开辟了一整套可行的方法论。首先,基于文本的作者自我认知现象研究(在文本体现出作者自我认同的前提下);其次,利科的理论在方法论上支持了文学文本在读者生活中的功能研究。我们需要强调一点:现象学阐释学框架下的研究对象不是文本本身,而是其"运作机制"以及它在人类自身经验形成中的功能。

参考书目

伊瑟尔.文学功能的变化.载于《现代文学理论》,莫斯科,2004.

伊瑟尔.阅读的过程:现象学角度.载于《现代文学理论》,莫斯科,2004.

英加登.美学研究.莫斯科,1962.

英加登.文学作品的图式性.文学作品及其具体化.载于《文学哲学概要》,布拉戈维申斯克,1999.

利科.阐释学.伦理学.政治.莫斯科讲座.莫斯科,1995.

利科.阐释的冲突.阐释学概要.莫斯科,1995.

利科.时间与记述(第一卷).莫斯科,1999;(第二卷)莫斯科,2000.

萨特."他者"的解释.载于《用自己的名字称名事物》,莫斯科,1986.

萨特.波德莱尔.载于《恶之花》,莫斯科,1993.

萨特.文学是什么?.莫斯科,2003.

斯塔洛宾斯基.司汤达的笔名.斯塔洛宾斯基.载于两卷本《诗歌和知识》《文学和文化史》.莫斯科,2002.

斯塔洛宾斯基.运动中的蒙田(同上,第二卷).

姚斯.文学史作为对文学学的挑战.载于《文学新观点》,1995(第12期);或《现代文学理论》,莫斯科,2004.

姚斯.美学经验和文学阐释学(第一卷).载于《美学经验领域内的尝试》,慕尼黑,1977.

柯西科夫 Г. К. Ж.-П.萨特:作为存在主义交际方法的艺术.载于《莫斯科大学学报(语文学版)》,莫斯科,1995,第3期.

波尔托拉茨卡娅 Н. И.柑子的忧郁.载于《法国文化背景下的存在主义批评》,圣彼得堡,2000.

勒热夫斯卡娅 Н. Ф.现代法国文学学和批评:基本流派,方法论和趋势.莫斯科,1985.

斯塔费茨卡娅 М. П. 联邦德国的阐释学和接受美学.载于《70年代的国外文学学:流派、趋势、问题》,莫斯科,1984.

楚尔卡诺娃 E. A.美国的现象学流派批评.载于《70年代的国外文学学:流派、趋势、问题》,莫斯科,1984.

楚尔卡诺娃 E. A.布法罗批评学派.接受批评.载于《20世纪西方文学学:百科全书》,莫斯科,2004.

主题七　文学学中的结构主义：诗学之重新复活

　　文学研究中结构主义的出现就是对主观主义的另一种（与现象学文学理论的发展一起）反应，这一主观主义被海德格尔和伽达默尔论证为文学学知识的本体性质。如果说现象学坚持认可在文学研究中的主观因素，那么与之相反，结构主义追求建立以客观分析标准为支撑的文学的科学知识。

　　结构主义是在巴黎符号学派的活动的基础上形成的，形成于20世纪50~60年代，巴黎符号学派的成员有巴尔特、格雷马斯、布雷蒙、热奈特、托多罗夫等。结构主义是一种理论上的方法论，结构语言学框架下形成的思想移植入了文学，这样才形成了结构主义。结构语言学中的思想有：

　　——区分语言和言语，语言是一个多方面的符号系统，言语是该系统的单个实现

　　——把符号解释为能指和所指的统一体（索绪尔）

　　——揭示不同类型的关系，它们在语言体系中让各个要素紧密联系起来，它们有聚合关系（相似要素之间）和组合关系（语流或文本中的组合要素之间）

　　——阐释出语言是一个层级系统

　　——论证了语音系统中必然是二元对立的，相应的，一个语音要素因只具有其中之一的特征，和另一个语音要素区分开来（特鲁别茨科伊，雅各布森）。

　　这些关于语言的认识被纳入文学中，从而形成了文学研究的结

构主义。文学就是类似于语言内部结构的符号系统的思想,构成了结构主义的理论基础。在该思想的框架下,文学被阐释为结构内各个要素之间的关系系统。同时,具体的作品类同言语活动,被视为作者使用通用的"文学语言"之后的个人方案。

基于这一思想,我们可以做出下列方法论的结论:如果文学的结构类同语言,那么在文学研究中,就可以使用语言学分析方法。语言学方法被纳入文学材料标志着文学研究上的结构主义的形成,该流派的目的就是发现文学现象之下的深层通用结构。因此,结构法把文本分为两个层面:表层的,接受者可以直接观察到的;深层的,自我构成现象结构的。解释作品的深层结构成为结构主义的通用方法。

下面我们厘清在该方法论的指导下,文学文本有哪些最著名的结构分析。

§1. 对神话的结构分析:列维-斯特劳斯

克洛德·列维-斯特劳斯(Клод Леви-Стросс)被认为是法国结构主义之父,因为他首先将语言学方法运用于非语言材料中——有关美国印第安人的生活,他们的神话和族群谱系。在四卷本《神话学》(1964~1971)中,列维-斯特劳斯对美洲印第安人二十个部落的神话进行了分析。

在研究神话中,列维-斯特劳斯证实了神话中存在着二元对立的逻辑,他认为这是原始思维的基本逻辑,这一点与另一位法国人类学家路先·列维-布留尔(Люсьен Леви-Брюль)之前所表述的观点相反,列维-布留尔认为原始思维没有逻辑运作的能力。

列维-斯特劳斯认为,古代人用二元对立来理解世界:空间维度(上/下,远/近,右/左),时间维度(很久以前/不久以前,昨天/今天),触觉(冷/热,软/硬,湿/干),听觉(安静/响亮),味觉(生/熟),嗅觉(腐烂的/未腐烂的),视觉(可见/不可见)。从这位研究者的角度来

主题七 文学学中的结构主义：诗学之重新复活

看，古代神话就是从这些对立的观念中诞生的。所以，从生/熟的对立中诞生烹饪神话；从湿/干对立中诞生蜂蜜和烟草神话；从感觉（视觉、触觉、听觉和嗅觉）如可见/不可见、腐烂的/未腐烂的、软/硬、沉默/有声这些对立中，诞生出关于死亡的神话。因此，神话建立自二元对立的逻辑之上。

因此，为了分析原始思维，列维－斯特劳斯运用了语言学方法论来揭示对立性，语言学家引入二元对立是用来区分语言系统的语音要素的。以列维－斯特劳斯在《神话结构》(1955)中对神话俄狄浦斯的分析为例，我们来分析这种方法论如何"运作"的。①

为了直观形象地分析，我们引用俄狄浦斯神话，这些片段是列维－斯特劳斯的分析对象。

卡德摩斯被父亲派去**寻找妹妹欧罗巴**，她被宙斯掠走了。经过长时间的搜寻后，他转向阿波罗神，接到停止搜索的命令，在指定的地方建立了城市底比斯。在那里，他**遇到了一条龙**，并用石头**杀了它**。在雅典娜的指导下，卡德摩斯将牙齿种在田野上，便诞生了武装部队。他们立即**进入了一对一的角斗中**。最后，只有五人存活下来成为显赫的底比斯家族祖先。

卡德摩斯和加尔摩尼亚结婚后生下儿子波里多尔。波里多尔的儿子是**拉布达科斯**，他死于女祭司手中。拉布达科斯的儿子是拉伊俄斯，他被下了诅咒"会被自己的儿子杀死"。因此，拉伊俄斯刺穿了自己刚出生的儿子俄狄浦斯的脚踝肌腱，将儿子抛到荒山中。后来，**俄狄浦斯杀死拉伊俄斯**。他猜中了阻挡进入底比斯路的狮身人面女妖的谜语（在后来的神话版本中，**俄狄浦斯杀死狮身人面女妖**），并与他的母亲伊俄卡斯忒结婚。

俄狄浦斯的真相暴露后，他的儿子厄忒俄克勒斯和波吕尼

---

① 关于这个内容的详细分析参见 Г.К.柯西科夫的作品：《"结构"和/或"文本"(现代符号学战略)》，载于《法国符号学：从结构主义到后结构主义》，莫斯科，2000年。我们的教材针对的是大学生，所以用最直观形象的方式来解释列维－斯特劳斯的方法论。

刻斯将父亲驱逐出底比斯。女儿安提戈涅与他同流亡。**厄忒俄克勒斯和波吕尼刻斯相互残杀**。底比斯国王禁止埋葬波吕尼刻斯，但**安提戈涅**违反了禁令，并**埋葬了自己的哥哥**。克里昂把她关进监狱，在那里她以自杀的方式结束了自己的生命。

列维－斯特劳斯认为，俄狄浦斯的神话在组合叙述（即事件的描述按照时间顺序）中失去含义。因此，他试图在聚合"阅读"神话中发现其含义结构。所谓聚合阅读，即研究者撇开时间顺序，对神话中类似的叙事元素进行比较。

我们重复一下列维－斯特劳斯分析的路径。最初，他在神话文本中区分出所谓的"神话素"，即论述一个故事基本情节本质的句子（在上述所引文本中，列维－斯特劳斯用黑体标出了神话素）。列维－斯特劳斯把神话素摘录到卡片上，并把它们如此摆放：为了保留它们之间的组合关系，同时发现它们之间的聚合关系。为此列维－斯特劳斯把相似神话素竖列摆放。由此形成四组竖列的表格，这是具有聚合关系的四组神话素。表格如下：

卡德摩斯寻找被宙斯掠走的妹妹欧罗巴		
		卡德摩斯杀龙
	斯巴达人互相角斗,打死对方	
		拉布达科斯(波里多尔的儿子)——"瘸子"
	俄狄浦斯弑父	拉伊俄斯(拉布达科斯的儿子)——"左撇子"
		俄狄浦斯杀死斯芬克斯
		俄狄浦斯(拉伊俄斯的儿子)——"肿胀的脚"
俄狄浦斯娶了自己的母亲伊俄卡斯忒		
	厄忒俄克勒斯杀害自己的弟兄波吕尼刻斯	
安提戈涅违禁埋葬了自己的兄弟波吕尼刻斯		

　　接着列维-斯特劳斯总结了每一竖列神话素之间的关系性质,揭示了它们聚合统一的基础。列维-斯特劳斯认为,第一竖列的神话素具有鲜明的共同含义——"过分重视血缘关系"。相反,在第二竖列的神话素中讲的是关于杀死亲属,由此可见,他们的共同含义是"过分轻视血缘关系"。第三竖列神话素的共同含义是"否定人类的原生性",也就是说否定人像植物一样源于大地和否定人如种子可以生长的本质。列维-斯特劳斯认为,卡德摩斯和俄狄浦斯杀死那些

自我生长怪物的深层含义在于,否定了和他们的亲属关系,确定人不是地球孕育的,而是由男人和女人的结合孕育而成。列维－斯特劳斯把"直立行走困难"的人放在第四竖列。列维－斯特劳斯论述这一身体缺陷就像是某种"生来具有的创伤",它在神话人物的名字和外号中得以加强这种创伤。这种创伤源于人类生于大地,由此看来,这一竖列的神话素——"确定人类的原生性"。

神话素聚合列的含义分析使得它们之间的关系更为鲜明:第一竖列和第二竖列的神话素、第三竖列和第四竖列的神话素处于二元对立。同时,第一竖列和第三竖列的神话素、第二竖列和第四竖列的神话素形成了一个互补的关系:过分重视血缘关系在含义层被否定人类的原生性所补充,而过分轻视血缘关系在语义上被确定人类的原生性所补充。因此,关于俄狄浦斯神话的深层内容可以归结为:信仰人类自然起源和坚信人类起源是男女结合而来之间的二元对立。对于古人而言,把这两种人类起源说(神话起源和自然起源)结合起来实在太难,他们尝试利用矛盾的二重性逻辑去破解这个难题,依靠这个逻辑构建了整个关于俄狄浦斯的神话结构。列维－斯特劳斯认为,俄狄浦斯神话的深层内容就是人类起源的问题,而神话本身成了某种解决折磨着古代思想家的矛盾(信仰和事实之间的矛盾)的逻辑工具。

Г. К. 柯西科夫注意到列维－斯特劳斯略过了神话中最重要的一些片段(比如俄狄浦斯自己刺瞎双眼、伊俄卡斯忒的自杀、安提戈涅的自杀),柯西科夫把这一事实解释为,这些片段不能用认知问题的模式术语来解释,因此它们不受列维－斯特劳斯的关注。柯西科夫写道:"神话结构与完整语义脱离……这导致神话的含义完整性无法让人了解。"(柯西科夫,2000,第 17~18 页)

列维－斯特劳斯的结构分析集中在对神话材料的分析。他仅有的对文学文本的结构分析(和雅各布森合著)是分析波德莱尔的十四行诗《猫》。

主题七 文学学中的结构主义：
诗学之重新复活

Кошки

Любовник пламенный и тот, кому был ведом
Лишь зов познания, украсить любят дом,
Под осень дней, большим и ласковым котом,
И зябким, как они, и тоже домоседом.

Коты —— друзья наук и сладостных забав,
Для них ни тишина, ни мрак ночной не тяжки,
Эреб избрал бы их для траурной упряжки,
Когда б они могли смирить свой непокорный нрав.

Покоятся они в задумчивой гордыне,
Как сфинксы древние среди немой пустыни,
Застывшие в мечтах, которым нет конца；

Крестец их в похоти магически искрится,
И звездной россыпью, тончайшей, как пыльца,
Таинственно блестят их мудрые зеницы.

——利哈乔夫 译

猫

热恋中的情侣与严肃刻苦的鸿儒
在成熟的时候都一样喜好
能干而温柔的猫，这家中的骄傲
像他们一样怕冷，又像他们一样深居简出。

作为才能与欢乐的朋友，
猫寻求着黑暗深处的宁静与恐怖，
倘若它们肯俯身屈尊为奴，
厄瑞玻斯恐怕早就以猫代马去运灵柩。

猫在遐想中现出躺在荒漠深处，
　　随着无穷无尽的梦魂进入
　　睡乡的斯芬克斯那高雅端庄的风姿。

　　它们腰间闪耀着魔术的火花，
　　神秘的瞳孔充满的细沙样的
　　金粉，像星光频频地闪动。

　　在这首诗歌中运用语言学方法论，揭示出一系列的二元对立，如此构成了这首诗的诗节、词汇和句法层次的对立。词汇的对立如下：情侣/鸿儒（或者爱情/科学），家/宇宙，家/荒漠，生命/死亡。这两位研究者发现了这些对立之后，针对不明确的诗歌语义得出这样的结论：这首诗的语义是对生活中深层矛盾的理解。

　　里法泰尔（M. Риффатерр）表达了对诗歌文本结构分析的科学性的怀疑。他指出，列维－斯特劳斯和雅各布森区分出的二元对立，哪怕在非常专注的阅读状态下也难以发现。里法泰尔认为，这是由于结构分析把作品视为静止存在于空间的客体，而与此同时在阅读的过程中，它在不同时代逐渐地、连续不断地展开自己的含义（参见：米哈伊尔，2006）。因此，里法泰尔认为结构主义的弱点就是拒绝承认现象学框架下形成的事实：作品只有在阅读行为中才能自我实现。

§2. 对叙述的结构分析：法国叙事学

　　以语言学方法论在文学材料中的应用为基础，形成了结构叙事学——一门关于普适客观规律的科学，根据这些规律可以建立叙事作品的本事（фабула）。巴黎符号学派的代表人物认为，叙事学的目的就是找出那个普适的结构，该结构符合这些学者的思想，是任何一个叙事文本的基础,并且被文本作者无意识地具体体现出来。难怪法国结构主义者把叙事学等同于诗学——茨维坦·托多罗夫就是这么命名自己的书的。

叙事学形成于下列学者的学术活动中:罗兰·巴尔特(《叙事文本的结构分析》,1996)、茨维坦·托多罗夫(《〈十日谈〉的语法》,1969)、克洛德·布雷蒙(《叙事的逻辑》,1966)、阿尔吉尔达斯·朱利安·格雷马斯(《结构语义学》,1966)。我们把格雷马斯的概念作为例子来梳理说明。

格雷马斯叙事学理论建立在对普罗普《神奇故事形态学》(1958年被译成英语,1965年被译成法文)一书的重新认识之上。我们提请注意的是,普罗普在分析了几百个神奇故事之后,将故事叙述分为两个层面:一个层面是和读者有关系的那个人物的表层叙述;另一个层面是潜层抽象的叙述。潜层叙述由"角色"和"功能"构成。

角色——这是故事人物的类型。普罗普认为,在所有的神奇故事中他们重复出现,有七种类型:英雄、假英雄、破坏者、馈赠者、协助者、被寻者、派遣者。

功能——普罗普认为,功能就是行动的不变量类型,它们在各个文本中以同样程序重复,由此构成故事情节。普罗普归纳了31种行动功能:外出、禁令、打破禁令、刺探、获悉(受害者信息)、设圈套、协同、加害或缺失、调停、最初的反抗、出发、挑战、主人公的反应、宝物的获得、空间移动、交锋、打印记(做记号)、战胜、灾难或缺失的消除、归来、追捕、获救、不被觉察的抵达、缺失、难题、解答、认出、对头被揭露、摇身一变(主人公改头换面)、惩罚、举行婚礼。

格雷马斯赞同普罗普提出的这一观点,即存在某种普适的叙事公式,但是格雷马斯认为这一观点的理论方法论的基础是结构的概念。而普罗普则是运用的经验归纳法,从事实到概括:他比较了几百个神奇故事的情节,归纳出它们(仅指它们)情节建构的普遍形式。格雷马斯在探寻统一的叙事结构时,不是走的经验论的路径:他是从结构主义的中心思想出发,即文学和语言的结构一样,在此基础上,所有叙事文本都有针对每个叙事文本普适的模型。

在法国叙事学的框架下,这个观点被具体化为:任何叙事文本都是按照句子的模型建构起来的,因此可以等同语言中的句子。巴尔特这么写道:"每一个故事都是一个大的语句,而一个叙事句子就某种意义上来说,正是小篇幅故事的雏形。"热奈特按照这一观点,指出可以把《奥德修斯》归纳为一个句子"奥德修斯返回伊塔刻",《神曲》可以归纳为"但丁阴间游",《追忆似水年华》可以归纳为"马赛尔成为作家"。

在这种类比的基础上,形成了下面这一方法论的前提:如果文本与语言句子的建构类似,就可以认为,能够按照文本的句法模型来描述文本。

在语言学中,句子模型由主体、谓语、补语等元素组成。我们提请注意的是,句子中的主体是句子的成分之一,表示执行这个行为的人;谓语是句子的成分之一,它表示关于主体的论述;补语是句子的成分之一,表示主体行为所针对的对象或人物。当把这个模型转入一个叙事作品时,叙事主体是指当事人(角色),谓语指的是叙事主体的行为和离奇经历等情节,补语是行为主体(作品中的主人公)活动所针对的个人或对象。

通过将这种模型固定于叙事文本,格雷马斯建立了自己的叙述理论,依照这一理论,他在叙事文本中区分出两个叙事层面。在格雷马斯的术语中,第一层面是显现层的、叙述性的、"与行动者有关的"或者"表示实体态度"的层面。这个层面具备口头表达,作为撰写者的作者和作为接收者的读者与之有关系。这个层面并不是格雷马斯理论的研究对象:他感兴趣的是深层的叙事结构,即所谓的"叙事句法层面"或"基本语法"。根据格雷马斯的观点,这个层面出现在创作行为之前:作者无意识地将其展现出来,就需要按照它的轮廓勾勒出自己的叙述。

叙事句法层面由"行动元"和"功能"组成。

格雷马斯将人物的通用类型称为行动元。术语"行动元"一词是从语言学中借用的,它表示句子中那些论述的个人或对象(即主语或补语)成分。在研究文学语法时,格雷马斯区分出六个行动元:主体、客体、接收者、发出者、帮助者、敌对者。他们在叙述中的作用类似于主体或客体在句子中的作用。

行动元同样又是"功能"的载体。在格雷马斯的理论中,功能指的是普遍的情节进程。这些情节在叙述中的作用类似于谓语在句子中的作用。格雷马斯区分出 20 种功能:外出、禁令或打破禁令、刺探或获悉、设圈套或协同、调停或反抗、出发、主人公的经历或反应、宝物的获得、空间移动、交锋或者战胜、打印记、缺失的消除、归来、追捕或者获救、不被觉察的抵达、难题或者解答、认出、对头被揭露或者主人公摇身一变、惩罚、举行婚礼。

叙事句法的观点是:作者无意识地用行动元和功能(文学语法的基本元素)组成情节,就像任何一个说话人无意识地用句法模型的元素(主体、谓语、客体)组成句子一样。因此,创作被解释为普遍叙事矩阵的无意识体现,这个矩阵由某些"文学单位及其组合规则"形成(巴尔特)。法国叙事学的基础是揭示这个深层叙事结构,它力图发掘文学创作的客观规律。不过,就像柯西科夫所述,这个意图又变成"拒绝作品"。柯西科夫的意思是,叙事学没有将叙述文本的语义考虑在内,而语义学一直是作者表达独特个人思想的结果,因为作品不仅受"语言支配",而且也是作者"个人的自由行为"(柯西科夫,2000,第 21~22 页)。

§3. 对话语的结构分析:热奈特

由于对语法层面的热切关注,叙事层面并没有成为格雷马斯的独立研究对象,而是热拉尔·热奈特(Жерар Женетт)关注的焦点。热奈特将这个层面定义为"话语"。在论著《叙事话语》(1972)中,热奈特把话语定义为"叙事方式"体系,通过叙事方式进行叙述。可以这么说,他笔下的话语,与俄罗斯形式主义者笔下的"情节"(сюжет)如出一辙,"情节"与"本事"(фабула)形成对立。因此,热奈特的"叙事方式"概念和俄罗斯形式主义者所谓的"手法"(приём,也可译为"程序")概念很接近,这是作者将事件转化为艺术叙述的方式。

我们提请注意的是,俄国形式主义者是在分析某一特定文本的基础上描述的"手法"[例如,陌生化手法是什克洛夫斯基在分析一系列托尔斯泰作品的基础上提出的,面具手法是蒂尼亚诺夫(Ю. Тынянов)在分析了果戈理和陀思妥耶夫斯基作品的基础上提出的]。热奈特同样在描述叙事话语时,从文学学结构主义的普适观念出发,即作品在结构上与语言句子相似。

热奈特认为,句子的主要成分是动词:它是时间、语式和语态这些范畴的载体。热奈特正是把这些动词的语法特征用于叙事话语手段分类上。

首先,热奈特区分出形成叙述历史时间关系的手法。如描绘事件时破坏时间顺序的手法,创造叙事节奏的手法(概述、描述性暂停、场景,省略),保证某些事件要素[母题(мотив)]描述频率的手法。

其次,热奈特区分出形成叙事情态的手法。这是关于主体的叙事组织方法,即从主体的视角建立叙事,通过他的视线呈现事件本身。我们提请注意的是,在英美新批评框架下,这一范畴被称为"视点"。热奈特还运用"聚焦"(由"焦点"一词形成)的概念,根据视野不同,将叙述主体分为三种形式(零聚焦,外部聚焦,内部聚焦)。

再次,热奈特区分出构成叙事语态的手法(其"声音")。这是主体叙述的组织方式,主体是开展叙述的说话者。这可以是历史参与者作为讲述者的声音,或者事件旁观者作为讲述者的声音。

我们观察的结构分析实例表明,作为文学科学的结构主义,致力于揭示文学作品建构的客观规律,同时,撇开其独特的语义。罗兰·巴尔特基于此写道:"我们必须抛弃这种想法,即文学科学能够准确地指出赋予作品的含义;文学科学不会赋予,甚至不会揭示作品中的任何含义;文学科学描述的是任何含义生成的逻辑。"(巴尔特,援引:柯西科夫,2000,第 25 页)含义产生的逻辑是通过揭示深层结构来描述的,而与考虑作品就是阅读对象、是读者"执行"的对象无关。我们再重复一次,作品被视为普适结构的载体,作者用标准语中现成的要素,按照它们组合的普遍规则来"编织"文本,作者无意识地体现普适结构,作品不是作者独特意愿的表达,不是作者和读者相遇的独特事件,也不是独特含义的载体。

参考书目

巴尔特.叙事作品结构分析导论.载于《法国符号学:从结构主义到后结构主义》,莫斯科,2000;或者载于《19～20世纪国外美学和文学理论:论著、论文、短论》,莫斯科,1987.

巴尔特.符号学基础.载于《法国符号学:从结构主义到后结构主义》,莫斯科,2000年;或者载于《结构主义:赞同还是反对》,莫斯科,1975.

布雷蒙.普罗普之后的叙述文本之结构研究.载于《法国符号学:从结构主义到后结构主义》,莫斯科,2000;或者载于《符号学》,莫斯科,1983.

布雷蒙.叙事的逻辑.载于《符号学和精密艺术学》,莫斯科,1972.

格雷马斯.结构语义学:方法探索.莫斯科,2004.

格雷马斯.关于行动元模式的思考.载于《法国符号学:从结构主义到后结构主义》莫斯科,2000;或者载于《莫斯科大学学报(第9卷)(语文学版)1996,第1期.

格雷马斯.寻找转换模式.载于《法国符号学:从结构主义到后结构主义》莫斯科,2000;或者载于《民俗符号学国外研究》莫斯科,1985.

热奈特.结构主义和文学批评.叙事性的边界.载于《辞格》(两卷本诗学,第1卷).莫斯科,1998.

热奈特.叙事话语.批评和诗学.诗学和历史.原文本概论(同上,第2卷).

列维－斯特劳斯.结构和形式.载于《法国符号学:从结构主义到后结构主义》,莫斯科,2000;或者载于《符号学》,莫斯科,1983.

列维－斯特劳斯.神话结构.载于《哲学问题》1970,第7期.

列维－斯特劳斯.雅各布森.波德莱尔的《猫》.载于《法国符号学:从结构主义到后结构主义》,莫斯科,2000;或者载于《结构主义:赞同还是反对》,莫斯科,1975.

主题七 文学学中的结构主义：
诗学之重新复活

托多罗夫.诗学.载于《结构主义：赞同还是反对》,莫斯科,1975.

托多罗夫.文学的概念.载于《符号学》,莫斯科,1983.

阿夫托诺莫娃 H. C. 人文学科中哲学问题的结构分析.莫斯科,1977.

格列茨基 M. H. 法国结构主义.莫斯科,1971.

柯西科夫 Г. К. 结构 和/或 文本.载于《法国符号学：从结构主义到后结构主义》,莫斯科,2000.

柯西科夫 Г. К. 法国的情节结构诗学.载于《70 年代国外文学学：学派、趋势、问题》,莫斯科,1984.

柯西科夫 Г. К. 从普罗普到格雷马斯.载于《莫斯科大学学报》(语文学版)1996,第 1 期.

柯西科夫 Г. К. 从结构主义到后结构主义：方法论问题.莫斯科,1998.

米哈伊洛夫 H. H. 艺术文本理论.莫斯科,2006.

勒热夫斯卡娅 H. Ф. 现代法国文学学和批评.莫斯科,1985.

里法泰尔 M. 形式主义分析和文学史.载于《文学新观察》1992,第 1 期.

艾柯 У. 缺失的结构.圣彼得堡,1998.

主题八 后结构主义:诠释学的新面貌

后结构主义是诠释学方法的全新形式。结构主义对作品的独特语义和其独特语义生产主体(作者和读者)是漠不关心的,在克服这一倾向之后,后结构主义关注的是书写和阅读的主体基础问题。众所周知,文学学中的语言学转向由结构主义发起,而到了后结构主义,则转向人类学。

总体上,后结构主义者延续了结构主义关于"含义产生的逻辑"(罗兰·巴尔特)的反映,这里已经不是指文学隶属的、包罗万象的、无差别的客观规律,而是指文学主体(作者和读者)的含义创造活动。同时,后结构主义者的思想建立在与前辈批评流派的论争之中,这些流派都是涉及这一问题(即作者和读者)的。难怪伊利英将后结构主义定义为"各种批评的范式"。在本章的每个小节中,我们集中研究后结构主义者和早期批评思想的论争方面,在这些早期批评思想基础之上形成了独特的后结构主义理论和文学现象研究方法论,即解构主义。

§1. 与艺术交际思想的论争: 罗兰·巴尔特的文本分析

罗兰·巴尔特的文本分析是解构主义者类型的前期分析之一,

它是在后结构主义和现象学的概念论争中发展起来的,现象学把文学视为交际事件——(作者和读者的)意识对话事件或者是读者和文本的对话事件。在后结构主义者理论框架内文学交际思想被否决:后结构主义文学理论家认为,在阅读活动中,作者和读者(同样读者和文本)之间没有任何对话,因为作品对作者而言是一种强制的、压制的关系,对读者亦是如此。

这一思想在后结构主义者语言批评框架内获得自己的理论依据。这一思想的主要内容就是:语言就是含义的编织系统和意识形态的掌控形式,语言对个体意识实施专制,强迫人们屈从某种世界观。这种类型的语言批评体现在罗兰·巴尔特关于语言符号涵指层面的学说、福柯(М. Фуко)关于历史无意识的学说、拉康(Ж. Лакан)关于语言的个性化学说中。下面我们简要阐明这些学说的内容。

罗兰·巴尔特认为,语言掌控思维保证了符号的涵指层面。巴尔特锤炼符号的涵指层面学说时,是以语言学思想为出发点的,即认为符号里存在着两种意义类型:直接意指(最初的,字面的,显性的)和含蓄意指(隐藏的,补充的,暗指的,引起次要语义效果的)。正是有了内涵意义,主导意识形态感兴趣的那些含义才被强加给思维。为了揭示符号涵指层面对接收者思维的影响机制,我们来看巴尔特的例子。在《形象修辞》[①]一文中,他主要分析了法国通心粉生产公司的名称——潘扎尼。这个名字由于特殊的语音组合构成具有伴随意义的音响形象,能使顾客联想到意大利——通心粉的原产地。这种伴随意义能让顾客做出选择,驱使他们购买这家公司的产品。巴尔特写道:正是借助这样的伴随意义,语言将思维形象强加给人类,这种思维中"一开始就集聚了权力"。

巴尔特认为"人是语言的俘虏",这不仅因为人类的意识受到赋予其价值取向的内涵意义的支配,也因为,转向作为自我表达手段的语言时,人类被迫使用"已经被其他含义占据了"的词语。因此,巴尔

[①] 这个例子也是柯西科夫在给巴尔特《S/Z》的俄文版做前言中分析的(柯西科夫 意识形态、含蓄意指、文本//罗兰·巴尔特《S/Z》,莫斯科,1994年)。

特做出结论:"语言不是独立的,而是集体的,在每一个符号中都潜伏着同一个洪荒猛兽,他的名字是原型。"因此,关于任何的语言交际都不可能是言语:语言中起作用的仅仅是含义的强加和编织。巴尔特写道:"这是服从行为。"

法国哲学家、结构精神分析创始人雅克·拉康持另一种语言批评立场,他提出了语言个性化的概念。依照这一观念,人不能作为独一无二的个体存在,因为他的意识或者无意识形成于其他人即母语文化者,这一理论框架内的意识可以理解为接受文本的总和,而无意识则根据拉康的观点是"他人的话语"。语言就将个性化演变为假象。

米歇尔·福柯提出了人类意识的语言决定论。在《词与物》中他引入了"历史无意识"的概念。这种无意识的新类型与个体的和集体的无意识共同存在于人类的精神世界中。弗洛伊德认为,个体的无意识是由人自身的创伤经历和文化中被认为妨害社会利益的欲望决定;荣格认为,集体无意识是由全人类经验决定;那么,福柯则认为历史无意识是由认知决定的。福柯将认知理解为观点、思想体系——确切点就是那些在不同时期作为科学的、无争议的、无条件的真理起作用的观念的总和。福柯将人类文明划分成5个认识阶段:古希腊罗马时期,中世纪,文艺复兴时期,古典理性主义时期和现代(从19世纪开始)。福柯认为,每一段认知都衍生了用于表达自身意识形态的符号系统,每一个认知都有自身的一套语言对人的意识支配手段、概念的形成和转换手段。因此,我们再次强调的是:意识的意识形态确立是通过语言来实现的。

由于文学是语言现象,文学也可以被视为"唤起文化陈规的机制"(柯西科夫)。并且文学的"强制性"既针对读者,也针对作者。

对于读者来说,作品的霸权可以解释为思想的灌输和接收陈规的强加:巴尔特认为,读者阅读作品时,吞下了意识形态含义的"诱饵"。

对于作者来说,作品的霸权与作者被迫用现成的语体、题材、布局、情节和语言类型构建作品相关。基于这一思想,在后结构主义者映射框架下（首先是在福柯和巴尔特作品中）出现了"作者已死"的理论，按照这一理论，作者不是作品有意识的、至高无上的、唯一的创造者：作者不是创造作品，而是将其公式化写作的再现。

在这种思想框架下形成的批评方法论以文学材料为前提，确立追踪文学霸权是如何针对读者和作者实现的。如果被研究的是书写行为，那么文本中这一时期的思维模式，甚至文学模式、书写模式都被属于这一时期的作者无意识地再现出来。如果被研究的是*阅读行为*，则文本体现出的是这些暗示性机制（所谓的"文本策略"），借助于这些机制，文本将意识形态含义强加给读者，实现自己对接收者意识的掌控。仅仅在某种情况下（对于书写和阅读），这一目标是探寻含义的生成（所指）的赋予过程。因此，要揭示的对象不是文本中的含义而是含义自身的形成过程。

这种方法论的确立鲜明地呈现在罗兰·巴尔特的文本分析中。之所以这种分析被称为"文本分析"，是因为它声明把与作品相抗衡的文本作为研究对象。我们知道，"文本"和"作品"这两个概念在接受美学和结构主义中是明显区分开的，文本指的是语言常量、存在于唯一形式中的语言意义的总和，而作品则指的是形成于写作和接受过程中的偶然含义的总和，并成为文本实现无限集合的其中之一。

支持"文本""作品"二分法的罗兰·巴尔特又将其他内容赋予其中。此时，他指出"物质上划清它们之间的界限是不可能的"：它们的区别仅仅是作为两个不同的研究对象。作品——作者意志的成品，构建的目的是用某种意识形态对读者产生作用，具有稳定的含义和稳定的结构。文本——不具有实体的表达，而只是出现在书写或者阅读过程中。这是形成于作者或者读者活动中的含义结构，不具有固定的语义。文本分析即意义产生过程的分析就是要致力于揭示这一含义结构。这一分析旨在揭示意识形态含义——这些含义是作者无意识刻画的，也是文本力求强加给读者的，同时这一分析还旨在揭示书写主体和阅读主体的"服从"策略。这样被理解的文本（即作品吸收时代"各种声音"的总和）构成作品潜在的、隐含的语义，是巴尔特提出的文本分析方法可以解释的语义。

巴尔特在《S/Z》中关于巴尔扎克小说《萨拉辛》的分析,鲜明地体现出文本分析的特点。该小说是以一位青年雕塑家的名字命名的,他爱上了名为赞比内拉的著名歌剧演员,此人不是女人,而是个阉人歌手,对此他毫不知情,这个歌手的形象和习惯完全符合他所处时代的女性美的特点。因此,巴尔扎克的小说中处于文化陈规模式权力下带着固有意识的主人公是事件的载体。巴尔特写道,文本本身"充斥着各种符码",引导着阅读,给出作者本身紧紧依附的自己时代普遍存在的模式,其中有纯粹文学层面的模式:那些作者再现的符码具有叙述和表达某些意义的手段。这些模式(用巴尔特的话说就是"符码")都显示在分析过程中。巴尔特写道:"符码,是可见,可读,可塑造的固定类型。"(巴尔特,1989,第455～456页)巴尔特将符码类型分为5种,下面我们一一列举。

1. 动作(情节)符码——巴尔特将这一概念引入,他指的是通过各种模式来构建故事情节的模式体系。巴尔特认为,故事情节一直是以叙述套路为基础。巴尔特证实,巴尔扎克的这篇小说是根据浪漫主义的套路编织而成:故事完全按照浪漫主义叙述构建,并在此基础上讲述艺术家这个不安分的人(作品中人物)的悲惨命运。

2. 能指符码——在该情况下,指的是塑造人物心理活动的模式体系。巴尔特分析萨拉辛的心理反应时发现,巴尔扎克完全是按照浪漫主义标准描写主人公的心理反应的。

3. 诠释符码(设谜符码)——这个工具系统能够让作者通过构建自己的文本来引起读者的好奇心。基于此目的,作者总是使用固定的套路手段,这些例子巴尔特都从巴尔扎克的这篇小说中找到了。

4. 文化符码——这类符码是由该时代固定的观念构成的,固定观念系统再现于文本中。所以,巴尔特在巴尔扎克这篇小说中找到了关于女性美、音乐、爱情等的浪漫主义的模式化观念。

5. 象征符码——巴尔特这样命名的意思是指各种手段形成的套路系统,借助这一系统在作品中描述主人公的无意识及他的性的欲望。

巴尔特在揭示巴尔扎克这篇小说中这些符码时,跟踪观察了:

(1)这些符码如何引领阅读,(2)作者的书写如何依赖于整个同时代社会和文学套路。因此,在作品中文本被揭露,这是所有声部的总和,这些声音都处于作者创作管辖范围之外,这是作者所吸纳的文化内涵的总和。

§2. 与意指思想的论争:对文学的语境研究之拒绝

后结构主义批评的另一个对象是以前文学学对文学意指性的信仰,即作品完全忠实地反映客观现实的信仰。后结构主义理论坚持认为,文学作品无论如何都不可能与真正的现实完全相关,无论如何都不能反映现实事物或者与事物的现实状态有关联。这一思想在后结构主义符号观念批评(拉康和德里达采用)中找到了自己的理论基础。

我们要提请注意的是,在索绪尔的观念中,符号表示它的对象,因为能指和所指如同"一张纸的两面"彼此相连,尽管这种关系具有任意性特点。相反,拉康证明符号没有能力表示其对象。出于这一目的,拉康将索绪尔关于能指和所指关系的任意性特点绝对化,并坚持认为能指和所指"最初就被壁垒分隔来"。因此,拉康认为,所指本身不附带含义,不表示其对象,"而是作为一种交际缺失时的替换手段"。符号如此固定对象的缺失,而不是指其本身。拉康用学说话的孩童的例子来解释此论题:从小孩的视角出发,通过指称来补足缺失的对象,这是孩子产生说话需求的基础(伊利英,2001,第92~93页)。

在这一推论基础上可以做出以下结论:能指具有不稳定(或漂浮)性——能指脱离所指,成为不可靠的、任意声音的总和。既然符号不与所指结合,不能表示其本身,所指被释义为不可知的,在拉康看来,所指被赋予"超验性"特征(关于这一点参见伊利英的书)(伊利英,1998、2001)。

德里达提出这样的观点:符号不具备对外部世界的意指。在他的符号观中符号最终仅仅被诠释为它指称现象的"痕迹"。因此,不能在文本基础上获得关于对象或者现象含义的确切概念,因为读者不是和现象世界产生关联,而是和用语言符号代表的现象"痕迹"产生关联。

这种符号认知基础上(把符号视为纯粹的约定性,它与现实无关,也不能赋予对世界的任何等同认识),形成了将文学作品视为原则上是非意指的、和现实毫不相干的观念。因此,在后结构主义方法论的框架下,文学作品被视为超越了任何与外在语境的联系,而仅仅从相互关系视角出发,作品和外在语境相互作用,形成作品的含义。在和外部语境关联之外的文本内部的符号和所指的组合构成后结构主义关于文本反射的主要观点。下一节我们将着重研究这种映射在哪种方法论程序中得以实现。

§3. 与固定含义思想的论争:解构论

后结构主义批评的下一个对象是:先前文学学笃信文学作品具有强烈的客观含义,这种含义或者与作者构思相关(正如诠释学和现象学里所认为的那样),或者与文本中具有意义的深层结构相关(如结构主义认为的那样)。在后结构主义理论的框架下,作品被视为不具备任何稳定语义的东西:作品的含义被视为根本上是多重的、矛盾的,也因此在任何意义总和中能够实现的东西。

这种看待文学作品的观点的理论支撑来源于德里达结构主义批评,这一批评立足于结构主义的中心思想,即结构是处于各种关系(其中包括二元对立关系)的要素系统。这里我们提请注意的是,这个符合列维－斯特劳斯的观念,整个人类的思维都是以二元对立的逻辑为基础的。列维－斯特劳斯论证了原始人类的思维活动中就具有二元对立的逻辑,他将这种二元对立总结为思维的普遍逻辑,现代人的思维亦通过它而实现。以此为基础,他提出了结构主义的基本论题:"文化在结构上类似于语言。"因此,任何人类的文化现象,包括文学作品在内,都具有深层的内部结构,这些结构具有某些含义。

正是德里达把这一思想作为自己批评的对象。为了弄清其实质,我们来描绘某些对立,这些对立与结构主义理论相符,构成20世纪具有现实意义科学的逻辑基础:

——言语/书面语(结构主义语言学的对立)
——所指/能指(结构主义语言学的对立)
——有意识/无意识(借助于这一对立,弗洛伊德描绘出人类的心理结构)
——现实/形象(文学学的对立)
——内容/形式(文学学的对立)
——构思/师承(文学学的对立)

德里达在研究这些对立时发现,在结构主义中,每个左边的要素都获得特权地位,被认为是第一性的,而相应的,右边的要素都是相对左边得以确认,是第二性的。所以,书面语是被固定在纸上的口语,所指就是能够确定能指的东西,无意识某种程度上也是意识的分流,形象是对现实事物的描绘,形式是内容表达的手段,师承是对作者构思的解码。

按照德里达的逻辑,在结构主义中,左边元素被认为是结构的中心。德里达将这一思想(结构存在于所有的文化现象中,且占据中心地位)称为中心原则。他发现在人类智能活动的所有领域都具备这种原则。所以,哲学中确立了理性高于非理性(理性主义)。文化学赋予欧洲文化相较于其他文明更大的意义(所谓的欧洲中心主义)。心理分析来源于男性之于女性的优越感(德里达的术语是菲勒斯中心主义)。历史学在与昨天和今天的对比中赋予未来更大的意义(未来中心主义)。语言学认为所指高于能指(本体论相信所指存在于自身,本质上超越了语言形式的限制),甚至,语言学认为声音、言语在书写之上(声音中心主义)。文学学中内容高于形式,作者构思高于师承。最后,形而上学中的中心主义确定,存在着某个调整好的原则,它在不同的形而上学理论中具有不同的称名:上帝,绝对,逻各斯,真理,实体,本质,世界精神(目的中心主义)(柯西科夫,1989,第35～36页)。

德里达批评了信仰中心的存在是没有理据可言的。在他看来,中心是虚构的,基于人类追寻万事万物中的秩序,赋予世界的思想性,使其变得可认知。德里达将这种欧洲思想特点称为逻辑中心主义(或者菲勒斯中心主义,阐述男性起源、理性和权力之间的相似之处)。德里达认为,逻辑中心主义是智力活动的缺陷,人类的意识应该从中心信仰中解放。为了证实这一论点的虚幻性,德里达一改传统逻辑中心思想立场,论证了右侧元素优先的可能性。

这样,在论证无意识优先于有意识的时候,德里达首要提出这样的论据:人类在日常活动中服从于力量,人们意识不到这些力量的作用,也不能控制他们,这是语言、无意识(个体的和集体的)、家庭、阶层等等。

在论证能指优先于所指的时候,德里达提出著名的论题:在语言形式之外,即有关它的文本之外,所指完全不存在。

在论证书写优先于口语的时候,德里达对书面语的理解不是仅限于书写,而可以是任何在空间和时间中的记录、任何的记录形式(姿势、梦境回忆、铺设林中小路)。因此,书面语可以理解为言语的先驱者和来源。

这种对立场的反转使得德里达坚持这种思想:实际上,对立的成分是对等的,其中一个优先是虚构的和约定的。现实中,对立成分之间存在的不是不同,而是"辨别":在对立成分存在差别时,它们之间没有按照第一性和第二性原则的比较,因此,不存在结构中心,也不存在任何稳固的含义结构。在此基础上,德里达提出摒弃借助于对立面揭示的语言方法论来进行文化认知。

在后结构主义文学批评框架下,将这一套理论"移植"到文学中,是摒弃了结构思想以及文学作品具有稳固中心的思想。在之前的批评学派活动中,文学作品的中心思想与作者相关:与作者有意识或无意识的意图有关。后结构主义剔除作品与作者的相互关系,将作品的诞生与读者活动关联起来。同时,文学作品的内涵原则上可以被无限延伸与解读。

在方法论层面上,这种看待文学作品的观点通过以下方式被翻转过来:首先,对结构解释方法的摒弃;其次,对诠释方法论的摒弃(诠释被认为是强制性地赋予文本一种内涵,由此被认定为不准确的);再次,对方法思想的全然摒弃。后结构主义理论家认为解构不是科学方法,而是立足于文本内部矛盾和多重思想含义表达的哲学创造形式,在文本内部不同的意义错综交织在一起。

解构的程序就在于揭示那些内涵意义(即作者并未指出的"沉睡的""边缘状态"的内涵意义),它们和文本明显的含义形成冲突。在解构中达到消解内涵,使文本某种确定语义失去。难怪解构主义得到大量责难,认为它摧毁了传统价值系统。

解构明显的弱点就在于忽视了文学作品的整体性——整体性指的是作品所有要素的关联性和互为制约性,因而否定了为了诠释"沉睡"内涵而任意组合要素的可能性。并且,众所周知,不是最终由于作者的意志力形成的艺术完整性,作者的意志力被后结构主义者作为反射对象而抛弃。

§4. 与文本作为审美客体思想的论争:
克里斯蒂娃的语义分析

在上述我们讨论的逻辑框架下,后结构主义还否定文本是独立封闭的审美对象。因为文本被视为很多不同类型"声音"的交织,是某种"作品文化记忆"(柯西科夫,2000,第34页),互文性被认为是文本存在的唯一形式:依据后结构主义理论,文本只能以互文性存在。

"互文性"这一术语首先由茱莉亚·克里斯蒂娃提出。这一理论的形成,是因为克里斯蒂娃把巴赫金"他者话语"和对话性移植入后结构主义的土壤中。因此,1967年,克里斯蒂娃的著名论文《巴赫金：话语，对话，小说》发表，直接对巴赫金的作品《文学创作中的内容、对象和形式问题》(1924)进行重新解读。

提请大家注意的是，在该作中，巴赫金提出了这样的思想：作家总是处在与当代或者先前文学的不断对话之中。他坚持认为："文本只存在于与其他文本的接触中。"巴赫金指的是作品之间的对话，这种对话的实现是由于主体间性要素，即一个作者与其他作者作品的对话交流因素。

克里斯蒂娃变形了巴赫金的对话概念：她谈的是单个作品内部的对话，是共同存在于一个文本中的其他大量文本的总和。她写道："任何文本，都是引用其他文本的拼贴，任何文本都是某个其他文本的吸收与变形。这样，在主体间性……的位置上产生了互文性的概念。"(克里斯蒂娃，2000，第428页)随后这一思想得到了巴尔特的支持："文本就是去掉引号的引文，文本的存在仅仅基于文本间的相互关系，只是基于互文性。"(巴尔特，1998，第428、486页)

我们要阐明的是，该情况下"文本之间关系"指的是"文本与其他……文本的关系，这些文本本身也可以从最广泛意义上来理解——如无意识地被吸纳入作品中的文化内涵、语言、声音、引文等"(柯西科夫，1993，第42页)。这些"声音"绝不是作者有意引用其他文本的结果；这里谈及的引文具有无意识的特征。按照克里斯蒂娃和巴尔特的观点，互文关系的产生并不是作者有意而为之，作者作为作品的缔造者，完全意料不到有哪些文本进入他的作品中。

在该理论的框架下，互文关系只有在读者的理解中得以实现，恰恰因为读者的参与，才能从作品中区分出互文——作品中各种声音的总和。这些进入作品中的声音、代码、引文在作者的能动意识范围之外，形成了隐晦的语义深层。并且这一深层具有可变性：所有这些都取决于读者依靠什么样的声音和代码来帮助自己发掘作品中的互文。

克里斯蒂娃依据以互文理论为基础形成的方法论，在批评创作中得名"语义分析"。这种分析旨在揭示作品中的被理解为互文的文本。我们要阐明的是：这种分析是将文学话语视为无穷尽的不同类型文本的交错点。按照克里斯蒂娃的构想,区分出互文,首先是为了找出文本本身所暗含的多重隐藏语义。

这种方法论的怪诞之处在于:它认可研究者使用任何文本来弄清楚被研究文本的含义谜底,其基础是阐释者在被阐释文本和他想引入作为阐释项的文本之间产生了含义联想。这种用语义分析的认可论证了任意对比的可能性,其中包括那些没有考虑到按时间排序的文本。在这种情况下,为了揭示文本的潜在含义,引入比所研究文本更晚创作的文献资料也成为合理的。

因此,阐释全然取决于阅读过程中研究者产生了哪些文学联想。不过,我们需要重申一点:后结构主义阐释学完全不追求诠释的确切性,要知道后结构主义是摒弃稳定客观含义这一概念的。在这种情况下,以"自由联想"为基础揭示的含义可以被理解为该文本可能出现的众多潜在含义之一。

我们援引豪·路·博尔赫斯的随笔《卡夫卡及其先驱者》作为例子,研究者们在其创作中发掘思想,最终给这一思想披上了后结构主义的外衣。该随笔的慷慨陈词为在卡夫卡的先辈作家们的创作中探寻卡夫卡的风格提供理论,其中,这些作家还包括古代的芝诺(芝诺发表著名悖论:阿基里斯不可能追上乌龟)。透过卡夫卡这一棱镜来阐释芝诺,其基础是二位作家的文本都汇聚在阐释者的阅读记忆中了。显然,这种方法的研究对象与其说是文本,不如说是阅读过程本身,在阅读的过程中审视意义如何生成。

因此,我们要强调互文分析方法和文学研究的历史比较方法的根本区别。众所周知,文学研究的历史比较方法的对象是作者、文本和文学(影响、借用、争论等等)之间不同的交际形式。这时,历史比较语言学中文学现象的对比潜力被精细地论证出来:或者是存在文学和作者之间的交流,或者作品创作文化历史语境的一致性,或者相似文学现象起源的一致性。在互文性理论的框架下所有这些基础都不复存在:语义分析范围内文本对比的根本基础是在阐释者记忆中文本的相互碰撞。

此外,比较和互文两种不同方法对待作者有意地引用存在着差别。在历史比较语言学框架下,有意引用被视为作者构思的元素、作者作品创作的元素,在该作品结构中这种引用具有自身独特的功能。在互文方法的框架下,有意引用被视为"他人的思维语言、代码和论述的征兆":"有意引用唤醒了……(被借用的)作品的记忆,把对该作品的记忆引向历时往事回顾中,使陌生的,有时甚至是非常久远的、被遗忘的或者快被遗忘的文化语言具有现实意义。"(柯西科夫,2000,第32~33页)因此,有意引用不是被作为作品的结构元素,而是被作为开启语义深度的钥匙来研究的。

废除文化进程这一传统概念后,引起的主要是负面反应。在其框架下,后结构主义因其主观主义、任意的阐释、缺乏常理依据、文本不再作为研究对象、剥夺文艺学科学地位等问题被批评。难怪在20世纪末,学者们滔滔不绝地谈论着理论危机,认为文学批评进入了"后理论"时期。

艾柯对互文的方式展开了大力批评。按照他的观点,语义分析形成"过度阐释"。在艾柯看来,术语"过度阐释"的意思就是没有任何限制的、不负责任的任意诠释,没有考虑到文本显而易见的语义。艾柯认为,过度阐释是以后结构主义中文学的语义多重性思想为基础。他说,对于后结构主义者而言,作品变得"过于开放"。艾柯1990年出版的《诠释的界限》着力于论述必须限制阐释的任意性问题。艾柯认为,若阐释者从"文本的意图"出发,就能克服过度阐释的诱惑,也就是说,要考虑文本包含的认知模式,这是文本通过整体体系作用于读者、希望提供给读者的模式。提请注意的是,在德国接受理论框架下,文本调节阅读的能力获得了"文本策略"的称谓。艾柯将文本的这种性质视为限制后结构主义任意性阐释的方式。

参考书目

巴尔特.历史还是文学?.批评与真理.作者之死.现实的效果.从何开始?从文学作品到文本.文本的快乐.讲座.载于罗兰·巴尔特《符号学·诗学选集》,莫斯科,1989.

巴尔特.S/Z.莫斯科,1994.

德里达.弗洛伊德和戏剧写作.残酷的戏剧.人文话语中的结构、符号和游戏.载于《法国符号学:从结构主义到后结构主义》,莫斯科,2000.

德里达.播撒.叶卡捷琳堡,2007.

德里达.书写与差异.圣彼得堡,2000.

德里达.论文字学.莫斯科,2000.

克里斯蒂娃.诗学的毁灭.巴赫金,词语,对话,小说.载于《法国符号学:从结构主义到后结构主义》,莫斯科,2000.

克里斯蒂娃.语义分析.克里斯蒂娃.载于《作品选:诗学的毁灭》,莫斯科,2004.

福柯.何谓作者?载于《求知意志》,莫斯科,1996;或者载于《现代文学理论》,莫斯科,2004.

福柯.知识考古学.圣彼得堡,2004.

津根 C.罗兰·巴尔特和文化异化问题.载于《文学新观察》1993,第5期.

伊利英 И.П.后结构主义·解构主义·后现代主义.莫斯科,1996.

伊利英 И.П.后结构主义:从起源到世纪之末.科学神话的进化.莫斯科,1998.

伊利英 И.П.后现代主义:术语词典.莫斯科,2001.

柯西科夫.罗兰·巴尔特——社会学家和文艺学家.载于罗兰·巴尔特《符号学.诗学选集》,莫斯科,1989.

柯西科夫 Г. К. 意识形态. 内涵. 文本. 载于巴尔特《S/Z》,莫斯科,1994.

柯西科夫 Г. К. 从结构主义到后结构主义(方法论问题). 莫斯科,1998.

柯西科夫 Г. К. 结构和/或文本. 现代符号学的战略. 载于《法国符号学:从结构主义到后结构主义》,莫斯科,2000.

柯西科夫 Г. К. 诗学和阐释学. 载于《文学问题》1993,第 2 期.

拉什克维奇 А. В. 阐释学概论:人文学科大学生电子超文本教材. 伊热夫斯克,2000.

皮埃格－格罗 Н. 互文性理论导论. 莫斯科,2008.

乌斯曼诺娃 А. Р. 福柯:阐释的诡异. 明斯克,2000.

扬波利斯基 М. 提瑞西阿斯的记忆. 互文性和电影艺术. 莫斯科,1993.

主题九 在后结构主义的影响下：阐释学之进一步的发展

后结构主义推动了不同批评流派的发展。在该主题框架下，我们将分析在20世纪70~80年代法国后结构主义影响下形成的批评方法。

§1. 美国解构主义

一般认为美国解构主义的形成与出版于1979年的《耶鲁宣言》相关，这是德里达和耶鲁大学教授们的论文合集。这一学派形成于耶鲁大学，承袭了德里达的思想，因此得名耶鲁学派。该学派的中心思想是后结构主义思想，认为对文本进行科学阐释是不可能的。

耶鲁学派带头人保尔·德曼用真正的文学语言理论论证该思想。在这一理论框架下，文学作品语言被理解为具有无穷的多义性和隐含寓意性。由于词汇富含隐喻，文本中发生着"系统性消除单一意义"。保尔·德曼将文学语言这种特质称为"专横的和疯狂的"。正是在此基础上，作品本身产生了"不一致性"和"矛盾性"：因为词汇原则上就是多义的，在每一次阅读行为中词汇都会呈现不同的意义，文本"不愿意"保持某种固定的含义。因此，任何解读都是错误的，都谈不上是科学可靠的感受。保尔·德曼采用"细读"手法来展示作品的矛盾性和讽喻法。比如，细读完卢梭的《忏悔录》，保尔·德曼做出这样的结论:这一文本并不是要让读者弄明白,法国启蒙者更偏重理性和信仰。

另一个美国解构主义代表者哈罗德·布鲁姆论证了任何其他方式阅读都是根本错误的,只有一方面借助于作者之间的关系研究,另一方面借助于读者与文本之间的关系研究来阅读文本。

通过分析作者之间的关系,布鲁姆将这些诗人分为强势的和弱势的两种类型。弱势的诗人屈从于传统,而强势的诗人则相反,力求摆脱传统的影响。强势的诗人对待前辈的态度是要克服其影响,关于这一点布鲁姆用了心理分析:这就像儿子对待父亲的态度。布鲁姆认为,强势的作者在对待"文学父亲"的态度上经历着某种类似于俄狄浦斯情结。一方面,强势的诗人赞叹前辈的创作,这又不可避免地形成效仿、借用前辈作品,以前辈为榜样;另一方面,诗人又意识到,模仿剥夺了自身的个性。布鲁姆将这一特有的感受称为"对影响的焦虑"。

要消除"对影响的焦虑"需要通过有意或者无意地误读甚至是重新写就前人作品。模仿时诗人试图隐藏自己的文学对象,甚至完全歪曲(用布鲁姆的话讲"曲解")借用来的原著特征。因此,强势的作者"扼杀"了自己的先祖。因此,按照布鲁姆的观点,创作就是模仿而又虚构的结果,创造性地"误读"是作者试图伪装自己模仿的根源。布鲁姆将误读现象描述成一种防御机制,是作者焦虑自己的文学功力不行,利用这种机制保护自己。

布鲁姆认为,这种类似的关系,将读者(批评家)与文本联系起来。读者也可以被分为强势的和弱势的两类:弱势的读者顺从于作品的暗示,强势的读者完成理性的阅读。布鲁姆将理性阅读视为读者(批评家)与作者的竞争。读者担心丧失个性化,使得他赋予文本对于他而言具体且实际的含义,因此,使文本遭到误读,这种误读不关心文本语义,而关心在作者面前,读者要自我肯定。读者担心丧失个性化,使得读者不再追求阅读时等值理解作品,迫使读者对作品语义做出利己的歪曲。因此,不管任何解读都不能被认定为正确的,任何阐释都会是虚假的阐释。

主题九　在后结构主义的影响下：
阐释学之进一步的发展

§2. 文学学中的女性主义

女性主义批评是在对法国后结构主义思潮反思基础上发展壮大起来的。按照科罗德尼的表述，女性主义批评的发端是确立了创作和阅读就是"按照性别编码的"活动（转引：伊利英，2001，第 315 页）。但是，更确切地说，这不是关于性别而是关于文字和感受的性别制约因素，以及这些在女权主义中如何理解。性别是女权研究的首要概念，女权主义中的性别概念被理解为性别属性，这是在个人社会化进程中由文化造就的概念。同时，塑造性别模式的文化本身，在女权运动中也被视为建立在男性价值观基础之上的。在这种文化框架内，女性本质上就受到压制：自古以来，父权制思想体系下形成了"另类的""其他的""次要的""边缘性的"甚至"背离"男性的女性形象。因此，在女权主义中女性被视为遭受男性欺压的对象，男性本身又是被文化赋予权力的主体。在德里达之后，女权主义批评提出了现代文化是"男权文化"，也就是确立了从男性视角出发来观察事物。我们提请注意的是，德里达论及男性中心主义，指的是男性生殖器崇拜是象征权力，掌控文化。

文学在性别形成中的作用，性别书写和阅读的决定性构成了女权批评的主要问题。接下来我们就具体、详细地谈论这些论题。

首先，女性主义批评要揭露在文学中表达的男性文化陈规。此时，文学被视为再现男性观察事物的视角，因此，提供给读者的是男性生殖器崇拜为中心的、被歪曲的世界图景。男性优胜于女性的思想是男权中心主义的核心概念，这也是女性主义批评首先要着力批评的地方。在女性主义批评中，这个核心概念的来源和生物、历史、文化等层面因素总和紧密相关。

卡米拉·帕格利亚在论著《性面具》（1990）中对男性在文化中的掌控做了专门解释。对女性在文化中受压制现象帕格利亚表示，自古以来西方文化就竭力遏制人类的自然的、"大地的"、"狄奥尼索斯的"本性,要求人类掌控这种欲望。帕格利亚认为,西方的艺术是与自然的抗争形式,是通过"阿波罗创造的美好事物"来驯化自然的形式。在这种思想基础上,形成了文化上对女性的不友好态度:他们说,女性,不仅与自然相近,也体现出自然界黑暗和残酷的本质,她们引诱并胁迫男性。帕格利亚实际上是与女权主义辩论:女权主义将男性在文化中的优势解释为历史条件形成的陈规,这需要去揭露和驳斥。按照帕格利亚的观点,男性在文化中的优势——不单单是陈规,而是西方选择的保全文明的方式,是捍卫文明对抗自然的方式。帕格利亚的研究是建立在不同文学现象解读原则上的(从最开始的神话到当代文学),她把这些文学现象视为"为了从自然噩梦中唤醒人类的抗争"要素来研究,帕格利亚认为,这种"抗争"产生了不同的"性面具",在文学艺术中得以刻画。这些不同的性别类型有雌雄合体、纨绔子弟、颓废派、唯美主义者、异性装扮癖者、女骑士、智能机器人等等。帕格利亚的诠释是综合的:帕格利亚本人也将自己的方法论定义为弗雷泽和弗洛伊德的综合体,她指的是寻找神话题材的文化根源来作为人类无意识表达的需求。但是,她研究的方法论手法是非常多样化的——将荣格分析和解构也作为理论依据。

其次,女性主义批评的中心问题之一是弄清楚女性写作的特点。德里达提出"女性写作"这一术语,他将这一术语纳入创作的特殊类型中,其特点是剔除了逻各斯中心主义中的思维定式而呈现出多样化。男性作者也会受到这种类型写作的吸引,例如德里达认为尼采就是这样。

女性主义批评框架内,"女性写作"这一术语既有德里达的用法,也用于仅指女性写作。在后者条件下女性写作被视为与男性创作全然不同的类型,是破坏男性写作传统的写作。此时男性的文学标准指的是理性语言、句法和叙述的完整性、含义的明确性、肯定的基调、对男性历史叙述的极大兴趣。女性作家的创作破坏了男性叙述的标准,女性主义批评认为这和情绪激昂的风格、含义的不确定性、叙述的不完整性、特殊的词汇、特殊的情调紧密相关〔详细请参照 热列布金娜的书(热列布金娜,2000)]。

最后一点我们引用吉尔伯特、格芭著名的研究《阁楼上的疯女人:女作家与十九世纪文学想象》(1979)、肖沃尔特《她们自己的文学:从勃朗特到莱辛的英国妇女小说家》(1977)。这些论著的作者们将维多利亚时代的女性写作定义为"承认罪责的话语",同时,将这种话语和男性写作的"肯定话语"相比较。该研究视角深刻地受到福柯《性史》的影响。在福柯看来,维多利亚时代文化中,女性一直与罪恶等同起来,这明显是被贴上罪恶的、非理性的和妨害社会利益的标签。根据上述提及的女性研究者们的观点,维多利亚时代文化给女性平添罪的恶感,这在女性文学中一定能找到自我表达,并且,正是这一点确立了维多利亚时代女性写作的基本特征。

女性主义批评研究的另一个方面是弄明白女性阅读的特点。与男性阅读相比,女性阅读有着很大的不同。女性阅读的特点情绪激昂、个性鲜明:这指的是比起男性阅读,女性阅读在更大程度上是一种构建自身历史的方式。因此,与男性阅读不同,女性阅读更少理性:通常认为,如果男性"解读别人",则女性常常是"解读自己"。

但是,女性主义批评认为,在男性为中心的文化中,文学立足于男性认知视角。因此,女性读者"从小被培养用男性视角来观察事物",女性被强加男性认知,这些认知首先被冒充为全人类的认知(引自:伊利英,2001,第315页)。鉴于此,按照肖沃尔特的观点,女性主义批评的任务是为了"教导女性按照女性的方式去阅读"(同上)。"按照女性视角阅读"的意思是从男性看待事物的视角中解放出来,能够判定出文本中男性观念里的女性特点和命运,揭露男性文学中对女性的排斥。正如美国女权主义者朱迪思·费特丽所写,在这一层面上,女性应该成为与男性认知对抗的人。

在《对抗的读者:美国文学中的女性主义视角》(1978)一书中,费特丽对欧文的《睡谷的传说》进行了分析,在这个分析中揭露了文学作品中反女性的"阴险意图"。费特丽将欧文小说中的主人公瑞普·凡·温克尔描述成"一个在忙碌中体现美国梦的人……随时准备逃到任何地方,只要能逃避性、婚姻和责任的重负"。费特丽写道,这部小说的女性读者"不得不把自己等同于小说主人公,该主人公将女性视为自己的敌人"。"在这类作品中,我们往下会看到——女性读者本没有此类感受,却又被强加于身,女性读者被动地把自身等同于自己的对立面,也就是说,女性读者被要求具有反对自身的个性自决权。"(费特丽,引自:伊利英,2001,第316页)

主题九　在后结构主义的影响下：
阐释学之进一步的发展

参考书目

布鲁姆.影响的焦虑.误读之图.叶卡捷琳堡,1998.

伊瑞格瑞.性别差异的伦理学.莫斯科,2005.

德曼.盲视与洞见:论当代批评之修辞.圣彼得堡,2002.

德曼.阅读的寓言:卢梭、尼采、里尔克和普鲁斯特的比喻语言.叶卡捷琳堡,1999.

德曼.抵抗理论.载于《现代文学理论》,莫斯科,2004.

米切尔.神圣家庭(女性主义与心理分析).载于《现代文学理论》,莫斯科,2004.

帕格利亚.性面具(第一卷).叶卡捷琳堡,2006.

肖沃尔特.我们的批评.载于《现代文学理论》,莫斯科,2004.

热列布金娜 И. 女性主义文学批评.载于《"请读我的愿望……"：后结构主义,心理分析,女性主义》,莫斯科,2000.

伊利英 И. П. 后结构主义,解构主义,后现代主义.莫斯科,1996.

伊利英 И. П. 后结构主义:从起源到世纪末.科学神话的演化.莫斯科,1998.

伊利英 И. П. 后现代主义.术语词典.莫斯科,2001.

主题十 与后结构主义的论争

直接以后结构主义为研究对象和与后结构主义进行论争,二者相比较,后者更有助于西方文学学理论的发展:因为辩论大力促进了文学现象研究新方法的产生。在这一论争的框架内,西方文学批评在20世纪后期修复了被后结构主义理论损害的各种文学理论地位。同时被后结构主义抛弃的(诠释学的、现象学的、诗学的、社会学的)传统批评重新复活,在对后结构主义概念理解过程中形成的各种经验教训,均充实了这些传统批评。

§1. 阐释学传统的复活:"新阐释学"

20世纪70年代的美国批评界,坚决不接受解构主义提出的文本不具有稳定含义的论述,以此为基础,形成新阐释学派。之所以被称为新阐释学派:一方面,因为它恢复了植根于海德格尔之前"旧阐释学"研究文学作品的方法;另一方面,对后结构主义阐释理论的反思伴随着这种研究方法的复兴。

"*旧阐释学*"是新阐释学的支撑,这表明新阐释学认为作品是作者活动的结果、作者构思和创作意志的符号表达。因此,在"新阐释学"框架下,文学作品被视为作者赋予的特定清晰含义的载体。

鉴于此,批评的任务是重建作者构思、准确阐明作者意图传递的语义。提请注意的是,正是浪漫主义阐释学理论家施莱尔马赫将这一任务纳入文学批评中。新阐释学派领导人艾瑞克·唐纳德·赫施(Эрик Дональд Хирш)在《解释的目的》(1976)一书中将这一任务具体化:"文本若是脱离作者预设的构思便不能准确解释……其他任何程序都不是阐释,而是作者意图。"(赫施,引自科兹洛夫,2004,第253页)因此,按照赫施的观点,文学批评应该摒弃文本解构,回归到重构的作者意图。赫施认为,作者的写作意图是作品的"核心",而后结构主义者们似乎认为作者意图是不存在的。赫施将作者意图称为作品的"原核",他一贯认为对作者意图的"解码"是阐释者应该着重努力的方向。

赫施给"旧日时尚"的概念赋予了新的、现代化的维度(科兹洛夫如此认为),这使得他承认以下事实:作品不是唯一确定含义的载体。赫施赞同解构主义的见解:作品的内涵是多重的,可以出现各不相同的阐释。但是,赫施又认为,作品的多重含义不是无止境的,而是有限度、可完结的——因为一部作品中只存在唯一确定的中心,其"原核"也即作者意图。这一中心的重建可以帮助诠释者克服阐释的任意性并尽可能做出接近作者构思的解释。与作者思想接近但是不完全吻合:赫施认为不存在和作者构思完全吻合的解释。解释作品时诠释者不能彻底克服主观见解,因为每个诠释者都拥有自己独有的社会生活经历,并处于具体的文化传统中。因此,赫施结合了施莱尔马赫和伽达默尔:作者意图思想的确定也同时意味着承认了在诠释时主观主义的不可避免性,但是又颇受作品中固定中心思想的限制,不至于任意解释作品。因此,赫施认为,尽管不存在唯一确切的理解,但是却可以在一定程度上将作品按照"原核"思想做出相应的解释。

赫施认为在文本两分法研究基础上可以实现文本解释方法论。第一步,根据作者生平经历、作品的历史文化以及文学语境中直观"推测"作品含义;第二步,根据作品的内在分析,对作品做出理性诠释。

§2. 诗学研究传统的变异:发生学批评

自20世纪70年代开始,在法国文学流派中形成了发生学批评。作为批判理论,一方面,它参与了和文本后结构主义定义的论辩;另一方面,依靠在后结构主义框架下形成的书写理论发展起来。

在发生学批评与后结构主义的论争中形成了一个哲学研究的新对象。发生学批评框架下,形成了这样的研究新对象:所谓的"前文本",即作家创作最终稿形成之前的所有草稿和手稿。同时,与前文本紧密相连的是这样一个理念:创作是"公开"书写的过程,在此框架下,各种不同的文本渗透到了创作最终稿,各种未完成稿的游戏参与其中。

将手稿和草稿作为独立研究对象时,文本本身(即作者完成的最终版本)在传统诗学意义上被理解为:作者努力建构的具有美学意义的整个对象。但是,最终完结的文本不能作为分析对象,因为,我们再次提请注意的是,被研究的是书写过程本身:是作者意图在从草稿到定稿过程中的形成和变异。因此,某些研究者认为,发生学批评不能被视为诗学领域的批评,因为其研究对象是未完成的文本,是文本的"历时发展"[斯塔夫(И. Стаф)语]。

另外,这种方法增强了对文本的这种理解,即文本是确定(并非无限)的语义谱系载体,因为文本不能被视为任何其他落入诠释者视野中的无限多样文本丛,而是拥有自己样式、自己独特历史的独一份。无怪乎在发生学批评框架下出现了与作者之死概念的论争:正如格列吉翁(А. Грезийон)所写,前文本也即"作者诞生的空间"(《发生学批评》,1999,第49页)。在此方法下,作者是作品中心的思想重新复活,同时提高了作品诠释的可信度。作品的语义是多种多样的,但同时又是被限定的,被作者构思的发展逻辑限定,而作者构思在前文本研究过程中得以复原。

§3. 社会学范式的激活

近几十年来,在文学批评领域中所谓的"社会学转向"同样直接与后结构主义理论危机相关。与后结构主义关于文本与超文本现实性关系问题的论争导致了文学中的社会学被激活。我们知道,在后结构主义框架下,文学文本被理解为原则上不是所指,和现实毫无关系,不会展现当下的事物,和事物的现实状态没有任何关系。在讨论文学与社会生活之间的关系时,形成这样的观点,在当代文学学中这些观点被冠之"社会学转向"。在美国批评界被称为"新历史主义",其创建者是史蒂芬·格雷布拉特(Стивен Гринблатт)和路易斯·蒙特罗斯(Луи Монроуз),在法国进行社会学分析的是皮埃尔·布尔奇耶(Пьера Бурдье),接下来我们再来分析其理论和方法论等方面。

"新历史主义"源于文学文本具有所指性的思想,它赋予了这一思想特有的理论依据。一方面,新历史主义的理论家们依据形成于19世纪的"旧的"文化历史文学学传统。在这一理论支撑下,文本被阐释为对现实和对历史事实的反映。新历史主义将这一思想用"文本来自历史"这一公式来表达。

另一方面,文本不仅反映社会生活,还能"创造"、塑造历史事实。"新历史主义者"提出这一思想的含义是:第一,历史无非是各种不同文本的总和。按照这种逻辑,不可能在文本之外去深切领会过去的历史事件,要知道,不通过文本的形式,历史是不存在的。第二,之所以说文本创造历史,按照新历史主义者的观点:历史事件的形成和展开都是在一些文本影响下进行的。这种事实演变成一种论题"历史就是文本"。

因此,新历史主义理论形成的思想是:文本是从历史中来,而历史本就是文本。生活的文本性和文本的历史性组成新历史主义的客体。研究文本与生活之间的相互关系时,新历史主义竭力展示它们之间的相互影响以及互为条件性,展示了文本如何进入生活并模式化生活,也展示了生活如何进入文本并充当和确立其内容。

因此,在新历史主义框架下,文本来自历史的思想研究的是:阅读如何确定生活,读者如何通过阅读文本改变自己的实际经验,即大众阅读在各个不同历史发展时期是什么,是如何刻画社会的"面孔"。

同样,文本来自历史的思想还研究:如何用历史文化语境(该时代的理论以及实践、作者生平、作者的世界观、作者的生活经历以及心理特征)来确定文本,以及研究同一历史时期不同文本之间的相互关系。在后者研究的框架下,具体文本研究的新历史主义者们高度关注不同的书面文献,被研究文本与之形成语境上的对比。并且,这些书面文献不仅指文学作品,还涉及法律、政治、宗教、立法以及日常生活领域的文件。譬如,在研究"哈姆雷特的历史性"问题时,格雷布拉特就曾高度关注丹麦王国的法典、占星术、讨论对炼狱和幽灵信仰的新教文献。格雷布拉特在研究《李尔王》时,依据了驱魔师指南文本,分析了李尔王与埃德加的交往场景,埃德加假扮疯子,相信折磨自己的正是迁居其身的恶魔。另一个新历史主义代表者在研究《李尔王》时,最关注的是莎士比亚时代多样化的书信体,因为这部悲剧中的人物彼此书信来往。

文学文本研究的这种视角具有很多阐释学潜质:研究目标文本和与之有语境关系的书面文件之间的相互关系,有时会出现新的诠释。我们援引格雷布拉特对《奥赛罗》的分析来作为例子。在这种情况下,诠释是依靠分析基督教关于婚姻和性的论著实现的,在这些论著中夫妻炽热的爱情被斥责为一种通奸行为。格雷布拉特认为,伊阿古的阴险伎俩目的是为了让奥赛罗自认为对苔丝狄蒙娜的爱情不道德,掺杂了性欲的罪孽。由于伊阿古从中作梗,奥赛罗对自己的婚姻产生了极度厌恶,认为这桩婚姻玷污了基督教道德,在这种思想驱使下他杀死了苔丝狄蒙娜。我们认为,由于把同时代与这一悲剧相关的所有文本都纳入莎士比亚戏剧研究的材料,这一阐释显得中肯。

这种方法论拉近了新历史主义与互文性视角的距离。按照埃特金德(А. Эткинд)的观点,新历史主义"就来自互文性推测"。同时,为了研究文学文本,允许转向研究非文学层面的文本来源的文献,这是新历史主义和互文性方法论方面的巨大不同。忽略文学文本的特点,认为文学文本是无条件受制于外部因素的总和——这构成当代文学学理论对新历史主义主要诟病的地方。

在皮埃尔·布迪厄(Пьер Бурдьё)的社会分析框架下,文学的所指思想获得了更彻底的理论形式。如果说在布迪厄之前,文学社会学从事文本的语境释义以及语境认知特点研究,那么这位法国社会学家则从文本外视角探究文学。他认为文学不是文学著作的总和,而是社会活动的一种特殊形式。这一条件下研究的对象不是文本而是"文学场"(поле литературы)。

布迪厄认为文学场就是一个社会空间,其间各种"代理人"参与到文学制造中。这些"代理人"是作家(布迪厄将作者与作家概念做了区分:作者是文本或者其结构内部成分的创作者,而作家则是社会行为代表者、文学活动的主体)、出版者、赞助商。此外,这还是整个把文学作品价值奉为圭臬的"代理人团体":沙龙、比赛、评委、教育机构、评论家、语文学家等。

文学场在文化中不是孤立存在的,同时并存的还有其他一些社会场(科学场、权力场、哲学场、宗教场、教育场等等),与文学场一起处于多种复杂的关系中。因此,布迪厄论证了文学场相对于权力场、经济场和政治场的从属地位。布迪厄写道,作家一直依附于经济资本的持有者,作家的自由是虚幻的,作家创作特征总是取决于在多大程度上依附于经济资本和经济利害关系。

将作家视为文学场的代理人,分析其创作活动时,布迪厄使用了亚里士多德的术语"习性"(габитус)。在亚里士多德看来,габитус 的意思是人们体态习惯的总称——步态、举止和手势。布迪厄认为习性是作家遵循的固定原则和宗旨系统(包括无意识的),作家在文学场中开展自己的活动,或者如布迪厄所述,在文学场内展示自己前行的"轨道"。习性是在一系列因素影响下形成的,其中,最主要的几个因素是作家的出身(社会和家庭因素)、教育背景、经济条件。布迪厄认为,文学社会学最主要的任务之一就是阐明:作家如何依据自己的习性,沿着文学场完成自己的移动策略,在其中占据某个地位。

作家在文学场内的移动过程一直伴随着冲突,因为移动总是致力于一定的目的——获得资本。马克思提及的资本是物质资源和经济利益。与马克思的观点不同,布迪厄分出四种资本类型:除了经济的,还有社会的、文化的和象征性的资本。社会资本是指拥有高水平社会关系和更高层社会地位,文化资本则是高水平教育,象征资本是象征性利益,譬如声望、威信、评论权等等。布迪厄认为,作家总是在为某种资本而战,也即作家在习性支配下,总是在某种类型资本中实现自身的利益。以习性研究为基础来揭示这种抗争的特点,有助于阐明作家的美学立场,进而揭示其创作思想。

文学场代理人为捍卫自身在场内部占据主导地位的战争确立了场的历史——布迪厄认为,这是文学社会学最重要的研究对象。在布迪厄理论框架下,这些在场内部展开的冲突内容形成文学场历史。决定文学场状态的主要冲突就是两个子场之间的抗衡:大众文学和高雅文学。布迪厄将大众文学子场代表称为"他律生产者",这种作家因为经济利益的需要而迎合大众喜好;布迪厄将高雅文学称为"自律生产者",这种作家宣称物质独立,力求在象征资本中实现自身利益。

此外,文学场的历史是由象征资本(这类作家名声赫赫,在场中占据重要地位)的持有者、新手以及觊觎者之间的冲突所决定。新手一直是文学场变更的发起者:他们拥有的象征资本最少,所以,为了能够在场中占有一席之地,排斥原有的象征资本秩序,推翻传统面貌。因此,布迪厄写道,文学的历史就是新手们试图"打倒"自己的前辈们并"攫取"他们的象征资本,这幕场景轮番上演。

文学场的发展规律也可以由其他冲突确定,例如作家与读者之间的矛盾等。布迪厄具体分析的对象是法国19世纪下半叶文学场的结构和历史。一方面,这一时期的法国文学面貌是由他律和自律原则的竞争确定的。他律原则的体现是资产阶级艺术,自律原则的体现是"纯艺术",并表明自身对资产阶级文学概念和资产阶级艺术家的厌恶。另一方面,纯艺术子场内部也出现了"新手们"(巴那斯派代表)和"象征资本持有者"(浪漫主义作家)之间的争斗。巴那斯派摈弃了浪漫主义的亲切,提出了中性的、不情绪激昂的写作理念。他们的立场是复兴古希腊罗马传统,而这一传统是浪漫主义者曾经摒弃的(我们提请注意的是,勒·德·李勒文集的名称就是《古希腊罗马诗歌》,在其序言中提出的立场成为巴那斯派的美学基础)。但是,布迪厄写道,巴那斯派转向古希腊罗马艺术,这绝对不是纯粹的审美层面的因素:这不是与"已经陈旧的"浪漫主义美学的无私抗衡,而是为了与之抢夺在文学场的领袖地位。而且,巴那斯派找到了一系列外在因素作为自己立场的支撑,这些外在因素有:1819年出版的安德烈·舍尼埃的希腊化诗歌、1820年米洛斯的维纳斯被发现、希腊独立战争、拜伦逝世。

因此,布迪厄认为,文学作品从来都不只是在作者的伦理美学宗旨基础上产生的,而是由于作者的努力,在文学场发展的某个特定历史时刻产生的。作者是该场域的众多代理人之一,在文学场空间与其他主体的竞争中,作者努力获得某些资本。

游走于文学场中,作者把文学作品视为自己的"写作行动",在布迪厄看来,这种态度有助于阐明作品的深刻语义,这种视角能够使人看清文本中作者与文学场其他立场代表人的辩论痕迹。相应地在这种方式框架下,布迪厄看到能够克服文本内部与语境视角的极端性,因为社会分析能阐明作品产生的外部环境,为揭示渗透到文本深层的含义服务。

§4. 现象学传统的复活与变异

来自现象学的后结构主义批评为文学研究提供了新视角。在伊瑟尔的一系列最新著作中,这种视角被称为人类学视角。伊瑟尔坚持在文学学中必须进行"人类学改革",他以此理念为出发点,即当代批评不应该过多制造阐释学的新方法。当代批评沿着阐释学的方向走到底了,一方面,后结构主义者用悖论论证了任何诠释都是错误的;另一方面,毫无限制的诠释实践被认为是正统的。

伊瑟尔认为,当代批评应该不再制造诠释的模型,而是专注于文学功能研究,依靠这些功能,文学从"人类历史记忆萌芽起"就伴随着人类。文学人类学应该阐明:"为什么我们会存在文学这样的交际媒介,并且,为什么我们总是不断地将之更新?"这一媒介应该满足什么样的人类需求?它又为我们人类制度提供什么?(伊瑟尔,2008)

为了回答这些问题,伊瑟尔认为,必须研究以下这些问题:文学虚构如何在不同历史时期发挥它的功能?文学虚构符合哪些语境需求?

在回答文学虚构的普世功能时,伊瑟尔坚持认为,这种虚构能够更自如地进入人类生活中理解复杂的方面。在伊瑟尔的论文《走向文学人类学》中的一段话把这一思想很好地具体化了:"为什么我们创立了这种表现模式?(指文学虚构——本书作者注)为什么这一模式伴随着我们的整个历史进程?答案无疑是我们渴望接近以其他方式难以拥有的事物,而不是再现所存在的事物。例如,我们难以感受到出生与死亡,或难以感受到我们达不到的'境界'。出生与死亡是我们既不能体验也不可知的极为典型的现实。但也还有诸如个性、爱情等体验,其现实性与我们难以精确地了解它们这一事实同样不可否认。但是我们显然不准备接受认知的界限,因此我们需要种种意象去反映不可知的事物。"(伊瑟尔,2008,第10~11页)

因此,文学虚构是"对人类的一种拓宽",它激活了人类意识中的自我反思过程,有助于人类的"自我启蒙"和"自我认识"。同样,读者的启发作用,会激发文学虚构,促进客观事实的"阐明和形成"。

对于各个不同的历史时期,文学虚构的功能研究视具体情况而异,正如伊瑟尔所写,文学人类学可以"判断人类存在的条件",判断哪些是该时期所特有的条件,也即阐明符合文化语境的价值、意愿和需求,用想象的形式、文学虚构的形式被表达出来的条件。伊瑟尔称这些体验的总和为"文化的背面"。对于研究者而言,进入其中唯有依靠研究该时代塑造的文学意象,因为这些意象"饱含该时代的理念和愿望",而文学虚构的意象在文学之外有时不能保存自己的内容。

伊瑟尔认为,人类学视角对文学的研究,同时可以让文学和文学理论研究在文化空间丧失过的地位回归——这种地位似乎在视听信息资源和实用性研究占上风的时代已经丧失。

参考书目

布迪厄.文学场.载于《文学新观察》2001,第 45 期.

法国发生学批评文选.莫斯科,1999.

格雷布拉特.文艺复兴时期自我的塑造.载于《文学新观察》1995,第 35 期.

伊瑟尔.文学功能的变化.载于《现代文学理论》,莫斯科,2004.

伊瑟尔.走向文学人类学.载于《文学新观察》2008,第 94 期.

伊瑟尔.组成虚构的行为.虚构与想象:文学人类学疆界.载于《文学新观察》1997,第 27 期.

蒙特罗斯.文艺复兴研究:文化诗学与文化政治学.载于《文学新观察》2000,第 42 期.

赫施.解释的目的.芝加哥,1976.

赫施.解释的有效性.耶鲁,1971.

科兹洛夫 С.和新历史主义的约会.载于《文学新观察》2000,第 42 期.

拉什克维奇 А.В.阐释学概论:人文学科大学生电子超文本教材.伊热夫斯克,2000.

斯米尔诺夫 И.П.作为一个历史时刻的新历史主义.载于《大历史:走向文化历史类型学》,莫斯科,2000.

沙伊塔诺夫 И.日常生活史.载于《文学问题》2002(第 2 辑).

埃特金德 А.新历史主义:俄罗斯版本.载于《文学新观察》2001,第 47 期.

结 束 语

本书面向青年文学理论研究者。在结束之际,我们希望为大家厘清本书开端所列出的问题,即如何在研究文学现象时选择批评方法的问题。让·斯塔洛宾斯基在《批评的态度》一文(1967~2001)中思索这一问题时,把"方法"的概念和"批评路径"的概念做了比较。他写道,任何一个特殊的方法"都限制了研究范围":它使得研究者为了研究,只能挑选孤立的视角,挑选"整体中单薄的一层,而这一整体是作品和其周围要素共同构成的",因此,实际上研究者被迫"忘记所有其他的东西,让那些用某些方法论选出的真理都消失"①。因此斯塔洛宾斯基认为,批评家如此行事才是正确的:批评家不能限于只使用某种预设好的方法论程序,而是应把自己的工作视为"路径""途径""长途跋涉",即"努力从一个方法论层面转入另一层面",把"各种方法论行为准则"联系起来,不轻视任何其中之一,只要它们能帮助批评家更好地思索诸如文学文本这类复杂的客体。

在这种情形下,即研究者可以自如地在各种批评范式中穿梭,研究不会变为简单地、毫无特点地、从"各种橱窗陈列中"(斯塔洛宾斯基语)选择出的某种分析技术应用,克服只用某种唯一方法的限制,研究就会变为自由的批评反思。然而,斯塔洛宾斯基承认,这种关于文学的自由反思可能只对这类批评家而言,他们"刻苦钻研过客观知

---

① 让·斯塔洛宾斯基:《批评的态度》;载于《诗歌与知识:文学和文化史》(第1卷),莫斯科,2002年,第33~34页。

识和科学技术"①。本书还期望提供给读者这种信息,掌握之,可以使您踏上自由思索文学之路所必需的第一步台阶。

---

① 让·斯塔洛宾斯基:《批评的态度》;载于《诗歌与知识:文学和文化史》(第1卷),莫斯科,2002年,第48页。

参考文献

教材、教参、教辅

泽穆莉娅诺娃 Л. М. 美国现代文学学. 莫斯科,1990.

津根 С. 文学学概论:文学理论. 莫斯科,2000.

津琴科 В. Г.,祖斯曼 В. Г.,基尔诺泽 З. И. 文学研究方法. 莫斯科,2002、2011.

美学思想史:美学作为一门科学的形成和发展. 莫斯科,1985,1~4 卷.

伊格尔顿 Т. 文学理论概论. 莫斯科,2010.

卡勒 Дж. 文学理论简论. 莫斯科,2006.

柯西科夫 Г. К. 国外文学学和文学理论问题. 载于《19~20 世纪国外美学和文学理论:论著、论文、短论》(柯西科夫 Г. К. 编辑并作序),莫斯科,1987.

贡巴尼翁 А. 理论的恶魔:文学和合理思维. 莫斯科,2001.

科兹洛夫 А. С. 20 世纪英美文学学. 莫斯科,2004.

克拉萨夫琴科 Т. Н. 20 世纪英国文学批评. 莫斯科,1994.

拉什克维奇 А. В. 阐释学概论:人文学科大学生电子超文本教材. 伊热夫斯克,2000.

利亚普什金娜 Е. 文学阐释学导论(教参). 圣彼得堡,2002.

米哈伊洛夫 А. В. 德国文化史中的历史诗学问题. 莫斯科,1989.

勒热夫斯卡娅 Н. Ф. 现代法国文学学和文学批评. 莫斯科,

1985.

斯塔洛宾斯基 Ж.批评的态度.阐释者:迈向成功.载于《诗歌与知识:文学和文化史》(第1卷),莫斯科,2002.

透视六百年:文学意识的变形.莫斯科,1997.

乌尔诺夫 Д.М.二战后英国的文学批评和文学学.载于《英国文学:1945～1980年》,莫斯科,1980.

20世纪法国哲学和美学.莫斯科,1995.

当代文学理论读者指南.哈福德郡,1997.

参考书目

20世纪西方文学学大百科.莫斯科,2004.

现代国外文学学大百科词典.莫斯科,1999.

文选

西欧和俄罗斯文学学中的学院派.载于《文学理论文选》,莫斯科,1982.

文化研究文选.圣彼得堡,1997(第1卷:文化阐释).

柯西科夫 Г.К.国外文学学和文学理论问题.载于《19～20世纪国外美学和文学理论:论著、论文、短论》(柯西科夫 Г.К.编辑并作序),莫斯科,1987.

现代文学理论文选.莫斯科,2004.

结构主义:赞成和反对.莫斯科,1975.

法国符号学:从结构主义到后结构主义.莫斯科,2000.

文学理论文选.摩尔登,1998.